政府採購標案勝經

標案插旗手李承殷教你如何結合獨特商業模式，
三天內寫出讓評審一眼入魂的服務建議書，快速打造個人品牌

李承殷——著

推薦序 一窺標案撰寫的神祕面紗

敦南新生活版主 **王乾任**

記得幾年前剛認識承殷時，聽說他也是輔大畢業的，頓時有分熟悉感，雖然兩人差了很多屆。又聽說當時他剛離開職場，打算以一人公司的身分活下去，更覺得親切。想起自己三十歲時，也決定從公司畢業，獨立出來當 SOHO，靠寫作維生，如今轉眼也快二十年。

再聽說他想做的工作，竟也跟寫作有關，而且是素來聽聞相當神祕的政府標案撰寫，就覺得更有意思了！後來陸陸續續聽聞他的工作布建與推進，但凡不懂的就去學，學了就勤加練習，一點一滴把一人公司該具備的設定搭建起來，覺得這個小學弟很是認真。

後來我跟他建議，不如找機會出本書吧？

專家達人總是要有一份自己的作品，向社會介紹自己的能力與專長，還可以接觸更多的潛在客戶，也能讓更多可能需要你的服務、但還不知道市場上有這樣服務的人看到你！

　　沒想到才過沒多久，承殷就傳來訊息告訴我，他準備要出書了，還無私地給我看了書稿。書中除了仔細介紹他投身標案代寫這一行的源起跟經歷，以及這幾年的所思所感所學，更是一步步帶領讀者，揭開了政府標案的神祕面紗，了解標案寫作的思考重點、切入點，乃至標案的架構還有製作細節，覺得很是有趣！

　　政府支出向來是活絡民間經濟的重要環節，政府編列的預算，大多由民間單位承接、執行，而打算承接政府的案件，特別是新臺幣十萬元以上的，就需要撰寫標案、投標。

　　懂得如何製作標書與投標的企業，在碰上像新冠疫情這樣的系統性風險衝擊，民間經濟受到衝擊而下修時，政府標案毋寧是及時雨，可以幫助公司撐住業績，如果懂得如何投入這一塊的話。

　　當然，承殷有其擅長的面向，也許還不到樣樣通，不過，至少透過他的作品，能夠一窺這個過往讓某些人覺得神祕的面紗，若能因此有更多的優良企業願意投入，不管是對企業還是政府乃至社會，都是好事！

推薦序 利用品牌思維，邁向更自由的人生

書旅創辦人／筆記術達人 **張柏崧**

跟承殷認識超過五年，當年我們都熱愛在 Medium 上撰寫文章，後來認知到寫部落格才是鞏固自身流量的最扎實方式。但隨著我不斷三心二意更換不同平臺，承殷只是持續維持穩定的頻率輸出文章，日積月累之下，他的文章漸漸浮現在 google 上排名前段，或許正是他這種簡單堅持的力量，才是內容創作者的王道。

這本書讀來真摯，尤其是前言的部分，已經吸引了我的目光，承殷出身歷史專業，也在海外留學過，這幾年博覽群書，將其在標案撰寫的實務經驗結合理論，讓這本書讀來平易動人又熠熠生輝。

讀此大作最大的感覺就是真誠，相對於市面上很多的商業書籍作者，與一般人距離遙遠，承殷就像是我們身邊那個厲害又真誠的朋友，只是他一口氣把他三十幾年的功力，寫成了一篇篇的故事。

　　但如果你認為這本書只是談標案撰寫，那就大錯特錯了，這本書其實是在談一個普通人，要如何經營自己的品牌，找到自己的熱情，並且用其來獲取收入，讓自己可以邁向更自由的人生。

　　本書中的一個例子讓我印象深刻，在公司工作即便我們很努力，但在資本主義的架構設計下，最後老闆也會被迫成為射後不理的渣男，而職場中的員工，則像是感情中可憐的受害者。所以如果你要跳脫一個受僱者的思維，這本書中的品牌思維，就是你所需要的，承殷把他走過的路、受用的方法都寫在裡面了。

目次

前言 標案只有第一名？

▍為什麼寫這本書：持續得標的三大條件與底層邏輯

◆ 太平盛世後的變動年代

「你正準備大學畢業，有點想創業，但不知道未來要做什麼，連企劃書都不會寫嗎？」

「你想成立公司或剛成立公司，不知道未來的方向嗎？」

「你的一人公司想要有更好的發展嗎？」

「你想維持小公司的規模，並與其他地方團體串連合作打天下嗎？」

這本書滿適合大三、大四前途茫然、想學個一技之長的學生，或是剛登記商號公司、還在思考創業的人們，以及想年收穩定百萬的一人公司，還有目前狀態介於上班族與一人公司之間游移、感到茫然的朋友。

想把這輩子過好，無論繼續待在職場還是想創業，建立品牌是無法跳過的門檻。對經營品牌這件事來說，目前是個最好的年代，也是最壞的年代。

　　歷史不會重演，然而過去認為機率極低的事件，卻都逐一發生了。遙想第一次世界大戰前夕，全球就已經初步有了全球化的雛形，社會強調理性，認為發動戰爭是極為不智的，就算發生了，也僅止於小規模事件，頂多在數週內結束。然而誰也沒想到，慘絕人寰的戰事持續了四年，並且間接導致了第二次世界大戰的爆發。

　　而 2020 年的新冠疫情，讓全世界都變了，過往看似永遠太平盛世的全球化體系戛然而止，取而代之的是各種黑天鵝、灰犀牛｜場的年代。從 2008 年金融海嘯、川普當選、新冠疫情肆虐多年，沒想過歐洲大陸還會發生烏俄戰爭，甚至核威懾也進入我們眼簾，身在遠東的臺灣，也在經歷東亞局勢的巨大變動。

　　新一代的人玩法跟我們不一樣，遊戲規則不同，很多人不習慣，就像看起來同樣是黑白子的棋盤，上一代玩的是五子棋，下一代玩的則是圍棋。

　　而這個世界對於勝利的條件及定義，也跟著時代而不同。我們身處「第二次三十年戰爭」（一、二次世界大戰的統稱，1914-1945 年）後的太平盛世，用軍事模式來觀察局勢，面臨變動的時代有幾個共同特徵：Volatility（易變性）、Uncertainty（不確定性）、Complexity（複雜性）、

Ambiguity（模糊性），正好對應英文縮寫 V.U.C.A.，這種觀察從 1990 年代後，被許多公司引用當作整體戰略指導原則。

- Volatility（易變性）是指變化頻率很高。工業時代前，局勢的轉變可能需要上百年，到了工業時代，可能縮成三十年一個世代，現在資訊社會，則是每一至三年都在變動。
- Uncertainty（不確定性），在過往太平盛世中能被預測的局勢，已經不復存在，我們不能再用太平盛世的邏輯看事物，疫情、通膨、戰爭在以往都是發生率極低的事情，以後還會有什麼事情發生並不明確，對於風險和生存成本，都要在規劃之內。
- Complexity（複雜性），這屬於系統論的範疇，由於各種因素交織而成，讓我們對未來局勢看不清，要掌握槓桿點突破。
- Ambiguity（模糊性），紊亂的局勢導致因果關係不明確，也是複雜性增加後的副產品。

　　然而，變動的時代也有著不變的道理：品牌的長期經營。在不確定的時代，政府是小公司們最後屹立不搖的支柱之一，從生存成本與風險考量的角度來看，小公司勢必要把生存成本的一部分，攤提在政府的長期合作上。

　　現在資訊社會，是「酒香也怕巷弄深」的年代，小公司

的專業，不僅僅是成為一個領域的專家，還要讓政府與廣大民間人民長期信任你。

當時代變動越來越快、一切灰飛煙滅時，經營個人／企業品牌就像工作者的蒙古包一般，是建立穩固商業帝國的重要武器，跨歐、亞、非、美版圖的基礎；只要帶上它，就能攜家帶眷地逐水草而居，在職務與職務間暢遊、公司與公司間逍遙、產業與產業間遷徙，看哪邊的水草豐美，就往哪裡去。我們不能只會上班，更要有類似遊牧民族的騎馬、隨處建蒙古包逐水草而居，成為太平盛世後的阿米巴原蟲，到哪裡都能活得很好。

◆ 政府標案只有第一名？

「標案只有第一名！」緩緩走出評選簡報場外，在豔陽蟬鳴的樹蔭下，允許我在場觀摩的標案老前輩，和藹可親地給我這位菜鳥的第一句話。

當初我剛出社會不久，沒有什麼見識，透過介紹，覺得我可以接觸一些跟提案企劃相關的工作，於是有機會跟到一場由得標常勝軍的前輩講標的經驗，我被允許跟在身邊旁聽。

在標案場外那天的天氣很好，豔陽照得有些刺眼，陽光灑進等待的會議室，跟坐另一邊的對手點點頭打聲招呼，直到

我們走進簡報會議室內。

　　看著前輩簡報講得很順，在場內對答如流，評審們都點頭似乎很滿意，也沒問什麼具有攻擊性的問題，場內也很明顯可以看得出來，前輩和機關與評審們都滿熟的，畢竟過往都有標到類似的案子，有長期合作的經驗。我當下覺得勝券在握，甚至感到有一絲絲的無聊，整場標案平淡如水，似乎沒什麼特別，原來跟政府提案不過如此而已。

　　提案結束後走出場外，前輩接著說，這場的希望不大，看我下巴快掉下來的樣子，他笑著說，從委員們的眼神以及現場的氛圍就能很明顯知道，但很難跟菜鳥簡單用幾句話說明，為什麼會得出這樣的結論。

　　最後有拿到那次的標案嗎？沒有！可是接下來幾個相關的案子都拿到了。為什麼？

　　對當時身為菜鳥的我來說，「標案只有第一名」似乎沒什麼可講的，乍看之下，政府採購只有一位勝利者，這是個純粹你死我活的零和遊戲。但事實上卻不是如此，這句「標案只有第一名」，在往後的職場打滾後，我才發現另有深意。

　　因緣際會看到許多充滿熱情又有才華的小老闆或是想創業的人，想跟政府提案做生意，不是為了大富大貴，畢竟雞蛋不能總放在同一個籃子裡，尤其疫情肆虐的關係，讓他們開始

居安思危，無論局勢怎麼轉變，都堅持不放棄對做生意的熱情，我佩服這些人的勇氣，從他們身上學到很多眉角與不同的思維方式，尤其是在這不確定的年代，冒險精神實屬可貴，從他們的眼中，看到了熱情的火焰在發光。

這也引發了他們都問了一個共同問題：「連續幾次都沒標到怎麼辦？要怎麼讓機關主動找上我們？」這本書就是要回答他們的問題。

先講這本書的整體結論：跟開頭那位前輩相似，得標的常勝軍前輩們，都有一個特點，那就是他們能獲得評審及機關的長期信任，講得潮一點，就是發展他們的「品牌價值」。

要怎麼獲得評審與機關的長期信任呢？持續關注機關的需要，並且持續提供價值，用幫助別人的心態，舒緩他們的痛點。問題不一定能被解決，但是卻能被舒緩。

你一定會說，品牌這種打高空、高大上不落地，不適合我這種一人公司或規模才五人以下的奈米級別小公司。我必須很殘酷地跟你分享一個現實，無論你要不要跟政府做生意，還是打退堂鼓乖乖當個上班族，建立個人品牌和企業品牌，都是不得不面對的生存關卡，而且往往頭過身就過。

獲得長期信任是做生意的基礎，人們或政府機關部門應該相信誰？答案是品牌。

　　當我們想買手機，就會先聯想到 iPhone；想吃小籠包，就會想到鼎泰豐；想買球鞋，就先想到 Nike；去大賣場買拖把，有些人立馬想到「好神拖」這個牌子，就算其他牌的拖把放在走道最顯眼的位置，想買的人還是會轉身進貨架區拿好神拖。品牌滿足了特殊一群人的需求，不太會進入血淋淋的價格戰，更關鍵的是——沒有對手。

　　再次強調，一旦真正的建立品牌之後，你是「沒有競爭對手」的。

　　有真正品牌的個人或公司，是會持續對外輸出價值的，就像太陽持續提供光與熱，給軌道上圍繞著公轉星球一樣的道理。最簡單的例子就是 iPhone，真正的「果粉」，會拿它跟 Andorid 手機比較功能嗎？這不是果粉會做的事情，會去比較的，百分之兩百保證絕對不是果粉，而且即使定價再高，也不會像巨嬰般悲憤地嚷嚷著降價，而是想盡辦法湊錢都要買。

　　單純只在意價格的人，絕對不會是適合我們的客戶，更不可能是未來能長期合作的夥伴。

　　當你有了足夠的利潤，不必擔心下一餐在哪兒，就有更多的資本來鞏固自身核心專業，建立更堅實的護城河，更有行銷預算來強化品牌，獲得更大的市場。到時不用只靠政府，而是能贏得更多民間消費者的心，增加「心占率」，讓公司進入

良性循環。

　　讓人在心裡中始終有你的「心占率」，表示你本身不只是能提供別人好處，而且是有個性的。不只人有個性，連團體都有個性，有保守、有穩健、有活力⋯⋯等等，套在團體中同樣適用。

　　你可能會問，跟政府打交道做生意，不就是「靠關係」嗎？哪有什麼大道理？靠關係這種把人單純像免洗餐具用完就丟的心態，與品牌經營的長期信任是完全不同的層次。品牌的價值中牽涉彼此的關係，不僅僅是能提供彼此多少好處這麼膚淺而已。

　　品牌產生的價值到底是什麼呢？回歸到最根本，可以想一想，其他人是怎麼認識自己的？我認為最基礎的，就是從「幫助別人」出發。這聽起來或許很空泛，讓我舉幾個具體的例子吧！公司可能剛登記，或是還在上班想離職創業，這時候的基本功，就是創造各種機會，幫助自己能幫助的人。

　　這其中分成民間和政府兩端。

　　民間方面包括寫企劃書，在公司的時候，就分擔一些章節來寫，寫一些不涉及商業機密的職場心得分享文，把自己核心專業的系統化做法，拍成影片上傳，內容能夠幫得到一些人。跟政府單位接洽時，就口頭講聊一下自己日後可能可以幫

得上哪些忙，並歡迎留言或寫 Email 來討論。

當有陌生人或之前有接洽過的朋友留言，有問題時就用心的回覆，解決他們的疑問，在問答的過程中，也就同時在傳遞你的品牌價值，而品牌就是持續不斷地傳遞價值的成果。

政府端則是透過頻繁投標，獲得跟政府接洽的機會，從中找到他們的需求痛點，觀察到的痛點，便可以在建議書內略為進行額外提案。

華人對政府既定印象是「有關係就沒關係」，這種思維太過簡單粗暴，這是把自己降格成純粹的工具，而不是建立品牌，工具用完就丟，品牌不是。

跟前面所說的那位前輩一樣，一直在得標的常勝軍公司，都有一個特點：他們在草創初期，介於個人和剛成立公司的狀態時，就在一步一腳印發展品牌，儘管二十年前沒有這麼潮的說法，但做的事情則一步未少。

品牌是一對一個政府單位的「心占率」，政府單位要看得像個人一樣，也是有獨特個性的。長官會變，但是機關的風氣、個性不會轉變這麼大。用心去創造各種能幫助的機會，這些行為會慢慢地承載信任，一旦信任關係建立起來，得標機率也會大幅度提升，自然能不斷被邀標，一有問題馬上想到你。

「品牌價值的高低，取決於幫助人數的多寡。」簡言之，

助人的規模越大，品牌也會越有價值。

　　至於要怎麼建立品牌？跟政府提案的路上，我的運氣非常好，有經驗的前輩們都願意提點一二。我資質駑鈍，有些微言大義，要好多年後才有辦法領悟，我發現他們的共通點是，從企劃思維的整合思考系統性看企業品牌，彷彿人生開掛般，在提案領域開啟了某種上帝視角，小到個人品牌的建立，大到政府持續邀標的成果。

　　那時候的我太年輕也太菜，很多提點真的聽不懂，必須用逆向工程思維回推，這些前輩只要改過建議書，就能快速抓到痛點，沒標到也不會大發雷霆或感到失落。提案敗北乃兵家常事，然而建立品牌後的得標機率，卻能如火箭般上升。

　　一般來講，賣方的地位往往低於買方，臺灣社會有種客戶至上、出錢的最大、出錢就是大爺的詭異觀念，客戶需要被潛移默化地教育，不是頤指氣使那種。這就是做品牌的另一個重要性，也就是要「消弭地位差距」。

　　讓客戶發現你懂他們，能使用他們熟悉的用語，和他們屬於同一個圈子，客戶把你當成自己人，讓客戶從強調 CP 值、單純價錢導向的分析框架思維，轉到「社群框架」，客戶覺得你是他們的一份子。

　　品牌的好處是讓成交的過程更順利，客戶感覺到其實你

懂我，我有專業能幫助解決更多問題，也就是本書要回答一個標案入門者的大哉問：「怎麼一直寫出能得標的政府標案企劃書／服務建議書？」

如果要用最簡單一句話來回答，這個答案是「能一直得標，是因為公司『持續展現整體品牌價值』」。

◆ 得標三要素

依據自 2014 年以來我得標的經驗，加上請教得標常勝軍前輩們，我發現穩定產出一直得標的標案企劃書／服務建議書，有三個缺一不可的基本元素：

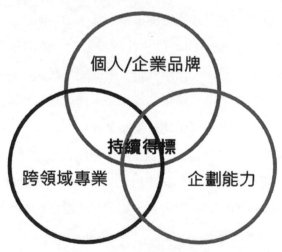

寫出能一直得標的服務建議書三要素

1. **個人 / 企業品牌**：專業＋高頻率出現，政府機關有該領域問題立刻想到你。
2. **累積跨領域專業**：覆盤＋偷師＋知識萃取。
3. **企劃思維與能力**：抓得到客戶真正的需求提供「價值」，系統思考為基礎的洞察力，把專業轉換成圖、表、文讓人一目了然。

　　本書所有內容都圍繞著用服務建議書建構個人 / 企業品牌價值所需要的一系列思維模型與方法論，讀完每一個章節便能馬上拿來用的執行清單，用你的專業寫成人生中第一本及格的服務建議書初稿。本書最終目標是協助你建立整體品牌價值，讓政府機關主動找上你（俗稱「邀標」）。

　　如果你對政府標案、寫提案企劃有一點點興趣，無論現在是否有所謂的專業，我相信這本書也依然適合面對不確定的未來、還在找長期職涯方向的人，至少參考其他標案企劃達人是怎麼思考的，面對未知的難題會如何面對。

　　同時，我也藉此向曾經幫助我的每個人，表達由衷的感謝之意，無論是曾經帶過我的那些非常優秀的主管、前輩們，曾經罩我的學長姐、同梯、學弟妹，炒過我魷魚的老闆們，以及對我展現不屑一顧的面試官們，我真的從他們身上學到很多很多。

經驗沒有好壞之分，只有會不會用之別，連發臭的糞便放在貧瘠的土壤上，就是上等的肥料，那些負面情緒都不是重點，整理好情緒後提煉出價值才是一切。少數前輩很喜歡講雞湯文或幹話，我擅長從他們口中知識萃取出日後需要的一切，這也是寫提案企劃的基礎功。

如果只顧自怨自艾，只有無謂的情緒勞動，這樣子什麼都沒有賺到，要多正向思考，想盡辦法累積經驗值，如此不僅可以自我成長，也能幫助更多的人。畢竟，周遭人如同星辰大海般的機會，永遠不知道實質幫助別人後，在每個人的身後能有什麼機會。

雖然我書讀得不多，至少寫書這件事我想分享一個發現：所謂的好書，並不是帶給讀者們一個完美的好答案，反而是向**世界提出一個好問題**。到頭來答案不是重點，更重要的是作者對問題的洞察，讓人意識到，原來這也是個問題，問題還可以這麼想！

面對問題這種煩人的事情，世界上可以概括分成兩種人：

第一種是有出過書的人。

第二種是沒出過書的人。

這樣講好像廢話，可是我誠摯的請你想想看，能出書的人，基本上都是對某個領域的問題有點執著，不然寫書很累，

是吃飽太閒沒事找事做嗎？在家耍廢滑手機、打電動，或是跟心儀的另一半約會，不是更好嗎？

我發現這些作者有個很明顯的特徵：**心中始終有個洞沒有被填滿。**

很多人說要追求人生一輩子的熱情，可是世界上有多少人真的找不到熱情，難道這就表示他們不能過幸福快樂的日子嗎？不是的！有另外一種人，始終持續去做同一件事，但跟熱情一點關係也沒有，而是心中一直有個洞沒被填滿。或是說一種信念，彷彿拼圖正中央只缺一塊拼圖，一定要找到那一塊拼起來，如果不做這件事，一整天過下來身心都會不舒坦。

這也跟已經習慣跑馬拉松或是多年寫日記的人有異曲同工之妙，一天不做就覺得哪裡怪怪的，做完了才覺得能安心睡覺。一件事情能否成功，很多時候是這樣發生的，不是所有的成功都來自於熱情。

寫書、出書更是，至少作者是對某件事有點心得，通常是個伴隨著他們一段不短時間的困擾，還不一定能克服成功，甚至是失敗的經驗，作者是一種管不住自己嘴巴與手邊的鍵盤，就是有種衝動想公開分享點什麼，就算被人家笑、被海量酸民圍剿也無所謂的一群人。

出書跟寫企劃有一定的重疊性，最寶貴的不是給了什麼

石破天驚、點頭如搗蒜的答案，而是**提出一個好問題**。光是能**意識到一個好問題對世界就是一種貢獻**，讓後來接棒者能針對該問題不斷思考、討論、打臉前面的人（被打臉真的不是壞事，現代科學就是這麼進步的），補充更完整的知識，持續一棒接著一棒累積下去。

從校園離開後進入「社會大學」，必須承認我是位非常駑鈍、朽木不可雕也的學徒，學得很慢又不會抓重點，只是運氣非常好，一路上遇見好多有才華的人。我的每一份工作，都跟政府標案脫不了關係，我懷著一份感恩的心，把學到的點點滴滴串起來，身為市場經濟永遠的徒弟，做一份知識萃取後的紀錄，希望這份「作業」，能對你有所幫助，真的幫得上忙。

你的知識經驗是否有價值，取決於公開發表出來後，由市場真實需求來判斷，如果一直留一手，永遠不知道這些專業有更大的潛力，能開發出讓你更上層樓的人脈。

現在是建立個人品牌的時代，品牌就像外包裝得有內涵，而內涵就是專業。專業怎麼持續迭代累積？靠的是持續覆盤、偷師，知識萃取後對市場的洞察，洞察就是系統論，在各個領域的神人們開掛的方式，這三者前提條件環環相扣、缺一不可。唯有這三個條件持續整合在一起，才能源源不斷地產出不斷得標的服務建議書。

　　一般人看到服務建議書寫得好，就說是官商勾結，寫得好壞不重要？細節取勝，寫得多就贏？有經驗就一定得到？

　　那些強人，都有天時、地利、人和的條件，最重要的是，他們都有持續提供客戶真正需要的價值。成為有價值的人，意思是一直在幫助別人，是打造個人／企業品牌的必經之路，可以讓做生意更穩健，能在不確定的未來活下去。

　　提供價值跟品牌的關係在於：持續提供價值，代表一定的專業度。然而光是只有專業還不夠，這是個「酒香也怕巷子深」的年代，除了要持續提供價值外，也得讓人頻繁看到才行，提供價值，通常要有三種跨領域專業整合起來為前提。

　　然而依據收到寫企劃入門者給我的回饋，他們表示很認真地讀完十本怎麼寫企劃的書，還是不知道該如何下筆，這狀況就如同在海面上看到的海浪，我想跟你分享的是，我看到了深海底下的洋流系統是怎麼流動的，最後導致海面上看到的海浪。

　　會有這樣的認知，來自於大學時代的歷史學訓練，以前必讀的經典《奇怪的戰敗》一直告誡人們，任何事情都不能看表象，而是得看深層結構。只要是人類事件，大概都有目的（不是陰謀論那種），事情拆解成基本元素之間的邏輯因果關係，從千萬件繁雜的案例中「跟古人對答案」，學到對的教

訓，而不是博聞強記像小學堂搶答般背誦冷知識。一切的結果都是「有系統的」累積而成，不是瞬間冒出來的。

那些在戰場上優秀的將領、叱吒風雲的政治家、商場鉅子所具備如同開天眼般的洞察力，其實都是企劃思維的延伸，其基礎就是《第五項修練》在講的「系統論」，這也是得標最核心的思維，任何領域毫無意外都跑不掉。

很少人從品牌經營、知識萃取的角度來看寫服務建議書這件事，然而這件事恰恰是跟政府建立企業品牌的核心關鍵。執行案子的經驗很重要，但得看出端倪才寫得出來，這就是靠洞察事物的深層結構。

而不是沒標到案子，就只會氣憤難平地說：「競爭對手這麼爛還能得標，一定是政府有收回扣。」如果永遠保持著這種心態，我們就會什麼也學不到。因此，我請你靜下心來，好好用知識萃取和系統論，來看跟政府建立企業品牌這件事。

再來，這本書還想為你提供另外一種價值：重新思考一個看似理所當然的概念「標案只有第一名」。這個問題大有深意，透過這本書挖掘背後的底層邏輯，能幫你節省時間尋找適合的方法，避免踩雷的時間，把成功提案企劃底部的龐大知識體系邏輯，濃縮成如 espresso 般的知識膠囊，以最省時間的方式與你結緣，希望能幫得到忙，甚至能協助你把身上獨特有

價值的東西轉換成商機，提供給新時代一群脫離公司、逐漸成長為一人公司趨勢，與潛在能協作的合作夥伴們。

學會寫出能得標的服務建議書，這件事改變我很大，一路上要感謝的貴人太多，有老師教，單純是我運氣好，大部分的人都沒有這樣的好運。

讀書的目的，不是為了書中的知識本身，而是心中有個問題想要被解決。針對問題本身是怎麼被理解的，運用不同的思維，就能得出不同的解法。同一個經典問題，看似被前人講爛了，依然能出現讓人眼睛為之一亮的看法存在。

時代不同，情境不同，解法自然不同，就像我們不能再用經濟奇蹟世代「愛拚才會贏」的苦幹實幹精神同一招，去應對接下來多變的時局。讀書不是單純獲得書中的內容，更重要的是接觸與你截然不同生命經驗的人，竟然可以這樣解讀事物，藉由別人的思考方式，也提升思辨複雜問題的能力。

提案企劃本身，就是面對一個很複雜多變的問題，就算暫時找不到出路，光是看看別人是怎麼把複雜的大問題拆解成小問題，針對各個小問題運用何種思考模式來應對，這解題背後的過程本身，就有極大的價值。

因此，你同不同意任何書中作者的觀點，或是同不同意這本書中我的想法，都不是重點，重要的是能從中帶走什麼，如

果有任何能幫助你的段落，請隨意取用，使用後的心得，也很歡迎給我回饋，可以寫 Email 或留下訊息，我有空都會回應。

美國知名心理學家暨教育學家傑羅姆・布魯納（Jerome Seymour Bruner）曾經說過，真正的學習不只吸收訊息，而是「超越前人所給的訊息」。

之前聽臺灣古蹟界泰斗李乾朗老師的講座有提到，古蹟保存成敗與否，來自於價值的延續，而價值就像水桶內的水，由人們一手換一手持續接棒傳遞下去。

然而每個領域的專業知識萃取並不太一樣，知識不是人們一手換一手，而是每次都添加自己歸納過往的經驗，輸出自身理解世界的方式後，再回饋給其他人。

總而言之，我一直相信，世界上沒有真正失敗的提案企劃，不是成功，就是學到東西。這本書的存在，本身就是一項思維實驗，能讀到這段文字都是緣份，看看我能幫你什麼忙，可能是一句話，或是看事情的角度，讓你恍然大悟：「啊！原來事情還可以這麼想！」

用知識萃取來理解企劃這門手藝也是如此，就像《羅輯思維》頻道主講者羅胖羅振宇，在 2023 年跨年演講「時間的朋友」中說道：「先以自己為道理，再為後來者開路。」

▍為什麼我有資格寫這本書

　　看到這裡，你叮能會質疑我是什麼咖，憑什麼資格寫這本書？這邊想分享一個很反直覺的觀念：「**不是因為我很厲害才有資格寫書，而是出書才有機會變得很厲害。**」為什麼這麼說呢？這聽起來似乎違反了大家的認知。

　　以 40 年長期職涯規劃的角度來看，在網路時代，經營個人／企業品牌有太多管道，隨便舉幾個案例，愛莉莎莎需要出書嗎？理科太太需要寫本書我們才能認識她嗎？我相信答案是否定的。對還不成氣候的商務人士來說，出書反而是一個契機，很有機會從**一本書發展成一門事業**。臺灣還个流行這麼做，但在歐美國家卻已經行之有年。

　　以專家的角度來看，只有專家才有資格出書；相反地，對大眾而言，有出書才是被大家認證的專家，這兩者心理價值的天秤大不相同。

　　寫給大眾的書，本來就不能寫得太專業，寫書不是寫論文，更不是做研究，而是向大眾報告你會的事情，給社會上需要的人知道，講好我是誰、我會什麼、我可以幫助別人什麼忙，可以說是致力於跟大眾傳講專業知識，破除社會上普遍迷思的手段之一。不是知識最好、經歷最豐富的人才有資格寫書，而是「**心中有個洞沒填滿**」和事業企圖心的人。

　　我從 2014 年研究所畢業後，每一份工作都跟政府標案有關係。除了在機關擔任約聘雇，讀過別人順利得標的建議書外，在民間企業每天的工作，不是在寫服務建議書，就是在備標。更特別的是，我的工作經驗又很跨領域，從古蹟保存、廣義文化產業到資訊業，當 SOHO（Small Office Home Office）的期間，寫過各種領域的服務建議書，從文物普查、影片拍攝、網站建置、藝術創作、環境清潔、修剪樹木、捕蜂抓蛇……等等，範圍相當廣泛。

　　以前要當出書的作者，實力真的要很強，現在網路時代規則全變了，來自 2020 年文化產業內容調查報告指出，國內圖書出版產業產值從 2012 年的新臺幣 352 億元，一直萎縮到 2019 年的 169 億元左右，因此出版界很渴望與有潛力的商務人士合作，來突破困局、創造營收，這無疑是個市場缺口，一個擺在眼前跑不掉的商機。

　　如果你在網路時代，一直想要建立個人品牌，卻遲遲未成氣候，你的粉絲專頁經營一陣子後，始終沒多少追蹤者，出書對於還在拚搏的商務人士來講，是一個很棒的通路管道。畢竟書籍要出版，真的有一定的門檻，光是自身獨特的經驗彙總，就需要一段不短的時間，並耗費一定的心力來編輯。只要跨過這道門檻，出書對於商務人士建立個人品牌，以及跟讀者

建立信任感這件事，長期來看都是個非常划算的投資。有關商務人士出書的系統化做法，有需要的話我也可以協助你。

　　建立個人／企業品牌，就是**為了他人持續創造價值**，獲得潛在客戶的長期信任，對職涯還在起步的商務人士來說，出書反而是重要的里程碑。無論書籍銷量如何，至少向全世界證明「你好歹有點料」，網路上永遠找得到你的作品，不用擔心 SEO 的問題。

　　況且，出書是一種文化資本，其他地方我不敢說，至少臺灣的社會氛圍，對商務人士的經驗，以文字呈現還是頗受人尊敬，更能啟發別人，進而廣結善緣。

　　再來，這是一本寫給完全沒接觸過政府標案、甚至連自身專業都還不知道在哪裡，想從零基礎開始學習寫提案企劃的入門書。為什麼不是由 20 年經驗老到的專家操刀呢？因為經過數十年，很多專家早就忘記了當年剛入行會遇到的挫折，以及內心說不出來的徬徨，經過時間的磨練，一切都變得太簡單了，很難回到當初學習的狀態。

　　就像學大一物理學，如果去給愛因斯坦教，鐵定會是個災難，入門物理等級的科普，最好找艾西莫夫（他除了專門寫大眾都聽得懂得科普文之外，也是科幻小說泰斗，擅長循循善誘的說故事專家）。

　　反而我這種小菜鳥，離完全不會這門技藝的日子沒有太遠，入門者的痛點，我都還記憶猶新，這是專家最缺乏的，也是我目前的優勢所在，隨著時間的推移，我一定會持續進步，因此我想趁記憶還在時，趕快動筆。

　　除了純文學及小說故事，商務書籍的本質，都是「解決問題」為導向，除了彙總寶貴的經驗，可以討論倖存者偏差，知識萃取可以還原情境問題，問題不同，解法、思路就不同，企劃書中的內容，沒有所謂的萬用公式，都是因地制宜，經驗歸納後，都是知識資產。

　　在發想這本書的內容之前，我時不時歸納自身的得標經驗，比對那些得標常勝軍前輩們口中講的眉角後，我驚訝地發現，沒有任何一個人例外，全部都在做本書在講的事情。

　　這些事情對他們來說太理所當然了，就跟每天呼吸空氣、喝水、吃飯一樣簡單，這些事非常重要但卻很少人在談，實在滿可惜的，我只是刻意把這些沒什麼人在討論的隱藏條件講出來而已。

　　我會意識到這些事情，是我從當兵、在英國留學、一連串跨領域工作以及跨文化戀情的經歷中，養成我對很多事情的前提條件都非常敏感。簡單來說，世界上沒有理所當然的事情，網路酸民時常留言：「這些不就是早就知道的事情嗎？」

現實是根本沒這種事情存在，存在即道理，世界上沒有想當然
爾、理所當然的事情，通常情況也不是我們自以為的那樣。

　　由於我身處的職場經驗，很缺乏針對企劃書學習的系統
化做法，尤其是撰寫政府標案服務建議書，這項「技藝」很有
師徒制的味道，這讓我想到有點年紀的職人漫畫《將太的壽
司》，故事敘述一位熱忱的學徒拜師學藝，剛進門卻一直等不
到師傅或前輩來教，成天就被吩咐做些清潔的雜事。經過一陣
子才知道，原來手藝都是得靠私下偷學的，要自行體會事情沒
講清楚的「微言大義」。

　　好的師傅帶你上天堂，不好的師傅就……，這制度很理
想很好，關於寫企劃這件事對世界的助益顯而易見，臺灣絕大
多數的中小企業卻用極不穩定的師徒制，加上過往「武林不外
傳」的光榮傳統，導致這門技藝圈子是很封閉的。

　　有些人就是學不會，不是沒有意願就是有困難。不是每
個人都能看看 Google 就能拼湊出該學什麼，偷學從來不是一
件容易的事，講得好像人人都會，千萬不能把不會 Google 的
人想成是笨蛋。

　　這時候，很多所謂的職場達人或前輩，一定會跳出來說什
麼「職場上沒有人有義務教你」、「修行在個人」、「態度決
定一切」等等老生常談，我認為這些言論都沒有錯，卻也沒有

講到重點，因為這種大道理只會簡化思考，給人貼個標籤「因為這個人態度不好、太懶惰、不努力，才有這種結果，所以活該」，這種很容易接受被貼標籤的行為，不就是代表根本懶得思考嗎？對生活中的各種可能性一點都不好奇，對周遭各種事物不好奇的人，怎麼可能寫得出好企劃，更遑論洞察商機了。

　　很多人成天說沒錢想賺錢，卻不對各種問題與現象感到好奇，茶水間裡人們抱怨、會議室長官們咆嘯的背後，或許都是商機，這跟鈔票擺在眼前卻任其隨風而逝的道理一樣，說愛錢卻不抓住眼前每一個潛在的機會，這不是很可惜嗎？

▌本書的使用方式

　　這本書的經驗彙整是從我 2014 年開始都跟寫政府標案的工作有關；到了 2020 年 9 月份開始自主接案至今，我接觸到的客戶群大多是初創的個體戶或是家族事業體中的一員，他們在文書處理上並不擅長，但卻有著共同的特質和需求。以下是這群特殊客戶的特質簡介，也是適合閱讀這本書的你：

- 信任我這個人：許多客戶在閱讀完我的文章後，主動撥打電話分享他們的感受。他們認為我是真心想幫助他人的專家，與其他只想賺錢的文案師有所不同。我的真誠和專業，讓他們感受到我是真的站在客戶的角度思考，希望能

真正為他們帶來價值。

- **渴望開創新的商機**：這部分的客戶對於與政府合作的領域並不熟悉，但他們希望能進入新的市場，以分散創業的風險。然而，他們的公司規模小，且員工對於 Office 軟體的使用並不熟練，甚至於連基本的字體設定都感到困難。有一位客戶甚至親口告訴我，每次打開 Word 文件都感到壓力山大想跳樓的程度。

- **被邀請參與標案的個體戶**：這群客戶在某個領域已有一定的知名度，並且經營自己的自媒體。由於他們的專業和名聲，常被政府機關邀請參與投標。儘管他們不懂得如何撰寫企劃書，但由於已經被邀請，他們不願意輕易放棄這樣的機會。

- **對前任老闆的不滿**：這部分的客戶在前公司已經累積了豐富的經驗和專業知識。他們認為自己完全有能力獨立完成項目，且有信心能夠做得比前東家更出色。

◆ 嘗試用成長型思維讀這本書

在經營品牌時，會累積跨領域專業以及寫大量的企劃文件，這一複雜的過程中，很常見兩種思維：**僵固型思維**與**成長型思維**。

　　僵固型思維人士很常講：「他就是因為太年輕經驗不夠，所以才表現不好。」、「我就是肥宅，才交不到女朋友。」很習慣單線思考，因為一定得有 A 才會有 B。

　　而成長型思維則是強調「就是因為過去⋯⋯，未來才更有機會能⋯⋯」

　　一般情況來講，身為後者成長型思維者表現普遍比較好。因此，讀這本書的時候，我請你先暫時拋棄過往豐富的經驗，不要一聽到某些思考推論不合乎過往經歷範圍，就忙著否定，口中喃喃自語說：「嘖嘖⋯⋯這不對！這不行！」

　　我發現還滿奇怪的，不少做標案的前輩們，很容易有這種心態和反應。不是說質疑和否定別人不對，而是從身為做生意老闆的角度出發，商機很多時候是另闢蹊徑莫名其妙闖出來的，實際用最小可行性產品（M.V.P.）丟進市場測試獲得回饋的結果。我相信世界上大部分人不會嫌自己錢賺太多，那任何一種可能的賺錢機會，看似荒謬的商業模式提案，都不該輕易放過不是嗎？

　　再來，身為企劃人動不動就否定他人的行為就更詭異了，我們寫任何一本商業企劃書的時候，都很希望別人提供一份草稿，稿子再爛，總比自己從零到一一個字一個字打、圖表一張張拉格畫線好得多。

　　合格的企劃人員，平時一定有蒐集各式各樣靈感和點子的習慣，不是隨身有筆記本，就是記錄在手機上，就算點子再爛，還是會生成自己的版本，趕緊記錄下來，以備不時之需。光記錄都來不及了，還有時間在那邊發出嘖嘖聲否定？

　　洞察別人尚未認知到的商機，很多時候是來自無可救藥的好奇心，絕對不會是全盤否定，還花時間坐在鍵盤前發酸文。資訊時代變動越來越快，「經驗」在工業時代以前是一項資產，然而到了現在，一旦經驗用得不好，反而有很大機率會成為做決策的包袱。

　　以前要熟悉一個模式，可以摸索個三、五年，現在縮短至三、五個月，身為現在有優勢的前輩，無論以前多麼優秀，如果不持續改變，遲早會敗下陣來。

　　你過往累積的經驗，沒有經過「**正規的知識萃取**」處理，很可能是有害的，學錯教訓有很大的機率讓資產變負債，成語「食古不化」就是在形容這類人。

　　如果你有累積一些職場經驗，卻不知道怎麼整理歸納其中的教訓，或許我能幫上忙，我們可以寫 Email 討論。

◆ 寫提案企劃放下成見的方法論

寫提案企劃是持續自我成長的過程，要進步得「每天打臉昨天的自己」，不是否定過往的累積，而是修正錯誤，一步一步往上爬。

看到別人出的書，提案企劃寫得爛，請你用「知識萃取」的企劃思維來觀察看看，可以發現爛作品也是一本極富潛力的好書，**世界上沒有差勁的作品，只有還沒成功的創作**（我在陳述事實，不是在打雞血賣雞湯）。能阻擋我們向他人學習的，莫過於防衛心態與過於強大的自尊，而「三人行必有我師」，難就難在沒有可以落地的方法論。

之前向一位老師請教放下成見的方法，他認為「**可以全盤相信，再一一檢驗**」。對對方有成見，來自於某些特質跟我們的價值觀、方法、知識相抵觸，我們沒法接受別人是錯誤的（可能真的是有錯），所以一直不願意從中挑好的來學，甚至看不爽對方逢人就罵。

以「偷師」的角度來說，重點不是為了喜歡上對方，而是為了學到東西。先假設對方說得都是對的，也可以從對方角度揣測其思維模式，嘗試觀察對方的思維模式能帶著自己走到什麼地方，產生什麼樣的想法。

這並不表示要喜歡對方或全盤接受觀點，而是把對方以

一個整體的狀態當作一個工具來理解：**如果對方是一個工具，它來解決我的問題會怎麼做？**

　　這種看世界的態度，雖然不會讓我們減少敵人，可是能**從敵人腦袋內逆向工程，推導出更多有意思的學問**。一般人為了讓自己內心舒坦，就立刻往對方臉上貼標籤，貼標籤很快、很舒服，但什麼也學不到。就算事後證明是錯的，我這邊先請你抑制打臉對方的衝動，可以先問自己，有徹底搞清楚對方的觀點或思維模型嗎？

第一章
個人 / 企業品牌邏輯

為什麼個人或企業都要建立品牌？

　　品牌，在職場人際互動中，指涉別人認識你的方式，在腦海中貼個標籤，有既定印象的人設；在公司經營中，是客戶們對我們擁有高忠誠度，持續買單我們提供的產品與服務。

　　從上班族走向一人公司，是 21 世紀的整體趨勢，能穩定工作的機會越來越少，拜網路所賜，讓一般人能跟全世界做生意，且不受時間、空間限制，能靈活發揮的機會越來越多。

　　創業成功真的很難，開公司 10 間倒 9 間。與其用「創業」這個詞，我認為「**做生意**」三個字更實在些，創業有改變世界的意味，而做生意則是看到確切的市場需求予以滿足。大部分人不適合創業（包括我本人），卻都得具備一人公司的**做生意思維**，也就是打造有一群人持續願意買單我們的跨領域專業，有辦法不斷交付高品質的產品與服務。

　　尤其是現在還在思考要不要自立門戶，又很恐懼害怕未來的夥伴們，請不要再猶豫了，老闆對待身為員工的我們，遲早會像吃完便當的免洗筷丟到垃圾桶。請問誰在外面還會刻意保留有油漬菜渣的免洗餐具？拋棄我們是掛在時程表上一定會做

的事情，成為一人公司，是應對當代經濟模式不得不的選擇。

　　加上有一定規模的公司，其組織邊界越來越模糊，傳統的雇傭方式，再也無法滿足變動劇烈的社會，為了節省人力成本，把多少事情外包，也造就多少人靠外送平臺接單當副業。

　　然而一人公司的做生意思維，絕對不是要我們從事副業賺外快這麼簡單，而是全力打造我們獨特的人生，把一輩子當作一間有品牌的公司來經營，既可以從老闆們手中奪回人生主導權，又能築夢踏實，完成自己的理想。

　　想想看，老闆才付給我們多少錢，就要買斷我們每個月寶貴的時間。我們用極其珍貴的青春，讓老闆有錢可以養小三、開房間，這意義何在？老闆總有一天一定會拋棄我們，翻臉比翻書還快，與其當員工，還不如當更靈活的一人公司，建立自己的個人品牌大帝國。

　　就算人生沒有理想只想耍廢，用經營品牌價值來運作一人公司是倒吃甘蔗，隨著時間讓價值累積能越做越輕鬆，一個月實際工作時數只花一週，就有穩定上班族中位數以上的收入，時間靈活運用超彈性，為了日後能每天耍廢，現在辛苦一點難道不值得嗎？

　　一直關注自己本身是很難成功的，有效的品牌是起心動念都圍繞著怎麼能幫到別人，並非單純思考我會什麼技能，而

是我能用何種跨領域專業幫忙。

　　經營一人公司品牌，剛開始確實有點尷尬，可能是介於還在當別人員工同時進行自己的事業。當然，初期不一定要設立公司行號，而是在民間找到是適合自己的小眾市場，讓有需要的特定客群直接跟你做生意，直到有一定的底氣（擁有一群人願意買單的跨領域專業，加上網路上有一定的聲量），再去成立公司，投入政府標案，民間和政府的生意都做，這樣一來不管時代怎麼變動，都還能活下去。

　　成功建立品牌的好處是，**不會讓潛在客戶進入分析模式**（俗話說只看價格、CP 值），造成逆火效應（嫌棄 CP 值不夠高、要求一堆最後死賴著不成交），這就是品牌的重要性，開口閉口只談「價格」的，也不會是好客戶。真正能做生意的人，都是看中「價值」的，一切回歸價值。對政府建立企業品牌，跟政府做生意，讓機關與外部評審委員認同你的整體價值，這就是用服務建議書對政府建立企業品牌的威力。

　　只要能完整提供價值，市場是不會辜負我們的。

風險雙槓策略：跟政府做生意是反脆弱的方法

　　「投資有一定風險，基金投資有賺有賠，申購前應詳閱公開說明書。」這是我們時常聽到的廣告詞，我們在別人的公司上班，也有很大的風險，可惜很少人提醒我們這個恐怖的事實。

　　風險的英文 Risk，在義大利文中，Risicare 則有膽敢的意思，是一種人主動的選擇，與命運關係不大。古代人沒有風險的意識，只有「直接面對危險」或「向命運賭一把」兩種選擇。現代人雖然有機率的概念，大部分的人只把它拿來看天氣預報要不要帶傘，卻不太關心整個職涯有沒有墜機、要帶降落傘的時候。

　　把人生用賭局的角度來觀察，我們以為桌上是放著骰子或牌組，其實賭局的關鍵因素是「時間」，明天和意外哪一個先來不知道。銅板的兩面不是偉人頭像與數字，而是風險與時間。風險的本質在時間長短，以未來當作競技場，時間決定一切。

　　上班族的短期風險比較低，然而就長期而言，根本是逢賭

必輸的賽局，因為青春有限，我們再怎麼厲害也贏不過時間，隨著年紀越來越大，被老闆拋棄的機會也跟著一天比一天大。

弔詭的是，不少上班族以為自己是拿專業來換錢，其實是出賣人生最寶貴的時間和精力給你的老闆。當有新鮮的肝進來替補時，沒有時間與精力的我們，會像是瘟神般對待被趕著走人，老闆只會冷冷地落下一句話：「我們這邊不是養老院慈善機構。」

不管再好的老闆，隨著時間的流逝，都會被迫變成射後不理的渣男，可是我們的青春已經奉獻給對方了，怎麼辦？

唯一不會背叛我們的，只有**持續價值累積**，而且如同俗諺所云：「雞蛋不要放在同一個籃子裡。」擁有一人公司態度所累積的多元經歷，就算不出外闖蕩做生意，長期而言還是比純粹的上班族風險好得多。

畢竟心態上隨時準備脫離組織庇蔭，直接跟他人做生意養活自己，不僅能奪回人生主導權，也能活得更長久，遇到黑天鵝事件時，能應對地更靈活。連不符合邏輯的烏俄戰爭都能發生了，還有什麼讓人跌破眼鏡的事件再次出現，都不會讓人感到意外。

你大概會不同意上述的看法，的確有不少人在大公司擔任高階主管步步高升，可是以公司經營的角度來說，**沒有人是**

不可被取代的。況且我們現代人活著的年歲，恐怕都比大公司來得久，如果公司倒了我們卻還沒退休，這該情何以堪？

當別人的員工，就算身為主管，充其量也只是高級打工仔，時間對我們絕對弊大於利，一堆昨天還高高在上的主管，隔天就被董事會告知可以捲鋪蓋走人。這種例子太多了，更何況大部分人都沒法一直往上爬，你現在的高位，真的確定能一直待下去嗎？

一人公司則截然相反，持續投資自己不斷迭代，你能提供的價值以及累積的資產，一定會隨著時間持續增加。為了因應局勢，磨練了各項跨領域組合技能，一旦經營上軌道，**時間則會成為我們最好的朋友，自我價值絕對會蒸蒸日上**。

不可否認，成為一人公司做生意，無庸置疑的一定有風險，然而這邊想跟你分享一個很反直覺的概念：其實一人公司**思維不是勇於冒險，反而是善於管理風險**，把嘗試錯誤的成本降到最低，低到幾乎「nothing to lose」的程度。

單純上班是完全的零合遊戲，而一人公司則是無限賽局，能一直下場玩，卻有比上班族高得多的機率，能得到極高的報酬。只單純當上班族也在賭，一人公司也是賭，後者贏的機率遠勝前者，可以用一人公司思維，奪回自己人生的主導權。

從上班族等著領薪水的態度，轉變為一人公司的做生意思

維，一人公司能長期經營不陷入財務深淵，則需要建立品牌價值，這過程中勢必要發展多元收入，來降低青黃不接的風險。

如果認真想脫離依賴公司才有收入的生活，逐步建立自己的一人公司，那麼，建立自己的品牌價值，是刻不容緩的事情。

多元收入跟雞蛋不放在同一籃子內的道理相同，收入不能只靠一、兩個來源，而是至少三個以上。以客戶的分類來看，可以簡單分成兩種，第一種來自民間的收入，另一種則是跟政府機關做生意，也就是本書的重點：政府採購標案。

大概在 2000 年左右，臺灣還在經濟蓬勃發展的時代，那時候投入政府標案，的確會讓人翻身賺不少錢。然而疫情大流行後，這美好的日子一去不復返。加上時代的變動越來越快，疫情是 2020 年的黑天鵝事件，俄烏戰爭是 2022 年的，下一個極有可能的，則是發生在東亞局勢。

我們現在跟政府機關做生意，不是要來賺錢的，而是發揮政府不會倒帳的優勢，成為讓我們在多變的極端年代活下去的支柱之一。

有些人搶最低標會殺到見骨，100 萬元的案子，可能用不到 60 萬元來承接。不要說有任何利潤了，他們只是想快點有現金流入帳。搶做最低標，至少確保能發出員工下個月的薪

水，最低標不是用來賺錢的，而是讓公司能苟延殘喘活下去的手段。跟政府做生意最大好處是不會倒帳，可能會拖點時間，但是一定會給你。

要真正賺點錢，讓客戶持續認同，我們還是得靠自身建立的品牌價值，在某個領域利基市場，占有一定程度壟斷地位的最有利標。

你應該會問，一人公司要創造多元收入，不只靠民間，還得在時代波濤中一部分靠政府，那東亞的緊張局勢讓政府倒了怎麼辦？

誠然政府倒了，的確也算概率發生極低的黑天鵝事件，然而政府標案是個很特殊的文化產物，就算經歷戰爭，在廣義的中華文化圈跟新政府，或大到不太能倒的民營機構，建立企業品牌與之做生意，本書的經營邏輯也是有效。

假設政府真的倒了，新的政權尚未建立，但是民間大型醫療集團要全倒有點困難，這種大公司下包廠商招標的整體精神，也是模仿政府的採購法，招標程序也頗多相似之處，這本書的核心精神，除非是遇上世界末日，不然並不會隨著時間變化而消退。

本書後面會談到提案企劃思維的底層邏輯：系統論。從系統論來看，至少東亞區域衝突不可避免，政府的確有可能倒

臺。即便這種發生概率極低的黑天鵝事件,以風險控管來看,身為中小企業,也該納入未來決策的一部分,希望本書提倡花最小成本卻能獲得最大利益。

從傳統觀念來看,脆弱來自波動和不確定而造成損失,可是反脆弱的應對策略,不只能讓我們能避免這些損失,甚至還有機會獲利,希望本書的「反脆弱」思路,能對你有所幫助。

品牌的四大拼圖

　　我觀察到成功的品牌經營很像拼圖，分別是由「內容」、「通路」、「形象」和「商品」四塊拼圖組成：

1. 內容

　　寫好服務建議書，尤其需求要抓對完整提供價值，價值寫錯幹本都白寫。

2. 通路

　　所謂「內容為王，通路為后」，用高頻率投標，像是遞名片一般，提供服務建議書給機關刷存在感。會看的人分成機關本身與外部評審委員，因為採購法的公平原則，廠商不能直接跟機關聯繫，不然會被扣上圖利廠商的大帽子。

　　然而跟外部評審請教、上老師們開的課則沒什麼問題，老師看到我們一直有來上課絕對加分，把我們的存在，滲透在各種通路中。

3. 形象

　　寫好服務建議書的實蹟，有媒體採訪或其他第三方認證，特別是花時間認識評審，自拍影片，做公益弄好 CSR。

4. 商品

　　發展品牌一定要賣低單價的東西，剛開始不是為了賺錢，而是為了獲得信任。從基本的心理就能明白，通常想買一個特定的東西，只會跟三種人買，一是便宜的，二是朋友，三是專家，後面兩個一定比便宜重要，因為相信朋友、信賴專業。

　　在前面說過，一人公司要穩，就得同時經營民間和政府兩塊，營收不要只依賴同一個來源。我們民間的公開形象，絕對會逐步滲透到機關，在民間經營品牌，很常用販賣低價商品，例如印有公司 Logo 的 T-shirt、帽子、紀念筆等，透過這個動作來獲得粉絲的信任，這在民間是一直要經營的。

　　這種民間信任形象，會讓機關對我們的好感度有正向循環。在機關有好名聲，不一定影響得到民間，但在民間的正面形象，則讓機關絕對不會忽視，由民間形象影響政府機關長官、承辦、外部評審委員，是很常見的作法。

　　由而甚者，可以賣成本極低的數位商品，例如將服務建

議書內去除商業機密，把部分 Know-how 轉換成網路數位行銷內容，製作實體 / 線上課程來販賣變現。這些事情剛開始的利潤，連一人公司都很難養活，可是初期階段不是要賺錢，而是賺名聲，經營好形象。

現在社會是個網路時代，樂於公開分享的人太多，不用怕 Know-how 被別人抄襲，能在短時間內被複製的，根本不算 Know-how。

用分享的心態去增加能見度，獲得他人的信任，至少影響到機關的長官、承辦與外部評審（尤其大學的教授們），讓這些人都聽過你。如果想經營民間品牌，我有認識的專業團隊可以協助，有需要歡迎寫 Email 與我聯繫。

成為某領域的唯一：對政府建立個人 / 企業品牌

　　成功的品牌經營，是你平時一直輸出價值，使得人們對你感到充足的信任，有問題第一個念頭就是想到你，最後把一系列案子交付給貴公司。

　　沒有跨領域專業，人家知道你也沒用，你能幫助別人什麼事，是一切做生意的基礎，也是建立品牌價值的核心。對政府建立企業品牌，藉由撰寫服務建議書頻繁投標，是對政府建構企業品牌的重要方式，是合法、合情、合理的正規作法。

　　建構成功的品牌，由三種要素構成：**持續提供價值、高頻率刷存在感、一定程度的跨領域專業**。

◆ 持續提供價值

　　針對會買單的主要客群提供價值。價值最簡單的解釋為下重要決策、花錢購買的人們在乎什麼，最後能得到什麼好處，可以說是對方需求與自身優勢匹配的結果。

　　這如同去便利超商買可樂，人們買的不是可樂本身，而是能適度解渴，想在派對場合喝點氣泡飲，帶給人的快樂、喜

悅的情緒，也才有俗稱「肥宅快樂水」的稱號。

　　儘管這可能僅一時的網路哏，卻也間接描繪可口可樂這個品牌對特定購買者能帶來的價值：可口可樂公司擅於製造能讓消費者快樂的產品，購買人也能在生活的不同情境中，獲得開心的感覺。

　　我們身為想跟政府長期做生意的民間單位，真的知道機關的長官和承辦、外部評審委員在乎什麼嗎？我們能持續給予什麼價值，得到他們的信任呢？

　　額外說明一下，展現在服務建議書中的價值，特別是列出多年完整實作實蹟特別重要。就算公司剛登記不到一週，評審看企劃內寫的實蹟一長串，與每個案子的特色詳細說明，也會給予信任。完整實蹟前提，是徹底執行把案子從頭到尾至結案的經驗，僅第一線執行人員不算，這角色類似工程的工地主任等級，或是至少是完整結案的專案經理。

◆ 高頻率刷存在感

　　讓人有問題馬上聯想到你的存在，有時候原因實在是太過簡單粗暴：時不時聽到貴公司的名號。這個情境跟部分選舉場合有點相似之處，當選票落落長一串，從左邊看到右邊，候選人「感覺」起來都差不多時，投票時就蓋一個很常聽到、印

象比較深刻的名字，因為在菜市場曾經握過手，時常在巷口揮手讓人有印象，原因就是這麼簡單！

　　這也是本書建議入門者有標就先投的原因，在各個場合發名片，讓人有記憶點，跟選舉與選民握手見面三分情是相同的道理。

◆ 一定程度的跨領域專業

　　完整交付一個完整服務，需要至少跨三個領域，且每個表現都在總體的 70 分，這樣加乘下來效果才會顯著。

　　用架設基礎的個人品牌網站為例，是最簡單的例子。現在的網站要求不只要會寫 code，也要有一定的 UI/UX 設計美學素養，加上現代社會是注意力經濟當道，人們傾向視覺快速呈現有價值的內容，用影片吸引受眾是不得不的選擇。再來是輔助文案怎麼吸引受眾也是必要的，這就得考量 SEO 搜尋引擎優化。

　　從網站案例我們能發現，要交付一個品質過關的基本網站，至少跨了四個領域：

1. **軟體**：網站基礎功能，如後端內容行銷文章資料庫、購物車、會員管理系統等。
2. **設計**：前端網頁設計、CIS 品牌識別系統與平面設計等。

3. **文案企劃**：整體策略擬定和網站規劃。

4. **數位行銷**：SEO 和影片。

　　當然不必要每個項目都自己做，但至少要對這四塊領域的整體市場需求有一定程度的敏銳度，早年想到架網站就想到軟體工程師，現在的需求遠遠不夠。

　　再來是對案件性質很熟悉，比如以環境清潔案，對工作場域比其他人都還來得熟悉，細節都講得很清楚。

　　現在整體局勢變化多端，加上 AI 技術日益成熟的變動極端年代，一人／奈米級小公司找到利基市場（Niche Market）中的小眾市場，光是靠一種專業是不夠的，要至少跨三種領域才行。

　　有夥伴問一個大哉問：「未來幾年想自行創業投入政府標案，現在還在上班，什麼都不會的情況下，該怎麼循序漸進，有步驟地投入標案？」

　　身為連專業都還沒有的入門者，要怎麼累積專業呢？我認為這真是個好問題！縮短具備一定程度的專業投入政府標案，是有一套有系統邏輯的方法，本書提供下列架構：

向政府經營品牌邏輯表

階段	方法	執行重點
累積跨領域專業	職場覆盤	客觀面對自己的正面、負面經驗。
	偷師	學習一位職場榜樣，從中習得企劃文件的能力，找到業界規範加以突破。
	知識萃取	還原問題情境，形成至少跨三個領域的專業。
	用系統思維洞察需求	知道世界的運作，可以用系統論來觀察市場需求，讓累積的態度、知識、技能不走偏。
對機關發名片刷存在感	拆專業為圖、表、文	習得企劃技藝就得做刻意練習，就像一棟房子拆成一個個磚塊，經過設計後「有針對性的重複練習」，也就是看大量企劃案例，學別人成型的套路，搭配老司機帶路，不是寫得多就自然而然會寫。
	持續投標	探查政府需求，撰寫服務建議書通路
持續經營品牌	專業內容投入民間建立品牌	執行反脆弱的雙槓策略，內容多製符合民間需求，再投入政府標案。

發名片概念：持續投標刷存在感

　　我們持續寫一系列的服務建議書向機關投標，跟所謂的「內容行銷」作法沒有太大區別。內容行銷是我們持續對「特定人群」不斷產出「『有價值』的內容」，吸引這群人一直關注你，讓他們做出我們期望的行為。用內容行銷的道理看標案這件事，我們可以發現有五個基本元素構成：

- 　**特定人群**：某個領域的政府機關公務人員、外部評審委員（退休長官、學者、專家、職人等）。
- 　**不斷產出「有價值」的內容**：尚未進入標案會場，用簡報銷售公司的服務前，評審就已經知道我們的存在，也大致提供「能初步解決問題」的內容。在簡報會場上，用服務建議書有系統地呈現價值，讓機關認為出包的風險很低，可以安心委託案子給我們。
- 　**吸引**：在標案評選會場內，被服務建議書打到痛點。
- 　**關注**：被機關注意，甚至打電話拜託你務必來投標。
- 　**做出我們期望的行為**：讓我們這次就得標，或明確希望我們下一次再來，得標機率大增。

　　不管品牌再大再有名，持續曝光刷存在感，是開門做生意絕對跑不掉的事情。這並不表示一定要打廣告，廣告只是讓別人知道我們存在的方式，也僅僅是其中一種方式。要確定人們有需要時，第一個念頭想到要找我們解決問題，這才是最重要的，也是整體品牌的價值所在。

　　就連大品牌可口可樂、蘋果電腦等，他們出現在粉絲的注意範圍頻率非常高，曝光度也很大。這不一定是傳統廣告，而是各式各樣的滲透與價值暗示，這是一門很深的學問，不在本書討論標案的範圍內。

　　如果在投入標案初期，有一搭沒一搭的投，這樣我們跟評審們的關係很像「一夜情」，若是想要維持長久關係，就得一直出現在人們眼皮底下，這解法只有一個：對機關同類型的標案持續投送建議書時，呈現有價值的企劃內容。

　　用內容行銷的角度來說，品牌的累積跟小時候玩大風吹占位子很像，一直在他人心中搶得「心占率」，讓受眾一直有印象滿重要的。現代身處網路時代的公司，做生意逐漸擁有「自媒體」的性質，我們不得不一直向外提供有價值的內容，來持續吸引潛在客戶。

　　內容行銷已經不限於把網頁的文案寫好、設定好 SEO 這麼簡單，一直寫服務建議書，不僅是機關認識我們的管道，也

是行銷必要的一環。透過持續標案，讓政府真正認識你，直到建立品牌忠誠度，讓信任持續變現為止。

　　當然，不間斷持續投標，要花費一定的成本，光是想到每次投標的印刷費，動輒新臺幣數千甚至上萬元，一直投標的確讓人吃不消，這種痛苦我非常能理解。

　　剛開始燒錢的部分，我可以協助你申請「青年創業貸款」，有政府幫忙擔保跟國營銀行借款，利息比起民營銀行信用貸款低太多，有些甚至免利息。

　　有政府出面跟銀行擔保的低利甚至無息借款，在一人公司的草創初期，可以認真考慮看看，有需要歡迎寫 Email 與我聯繫。

跟潛在外部評審委員維繫良好關係

入門者跟政府經營企業品牌，跟民間最大的差別在於，民間只要雙方同意符合法、理、情為前提的契約，往往都能持續合作下去。政府則是顧及跟民間做生意的公平性，尤其要服從採購法精神，**絕對不能有「圖利廠商」的嫌疑**，一丁點兒都不行。

為了不「圖利特定廠商」，就表示不能合作？當然不是！以行銷學的角度來講，經營品牌的起心動念，是**幫助人們真正解決問題**，這些動作跟政府機關本身完全沒有直接關係。

無論是跟誰做生意，本來就要經營良好人脈，跟政府不太一樣的是，**千萬不能直接跟公務員接洽**，以免造成彼此的巨大困擾。

那該怎麼做呢？除了積極投標，跟政府機關刷存在感外，跟潛在外部評審委員適度保持聯繫，也是重要的關鍵：

第一、已經退休的公務員

　　跟退休公務員建立良性互動，可以在控制成本的前提下，邀請他們擔任長期的有給職顧問。有些眉角，做事邏輯與民間很不一樣，公務員私底下的行話他們才清楚。

　　要怎麼認識退休公務員呢？依照「人脈六度法則」，不用特別門路，只要有心，到處問一定問得到願意熱心幫忙的退休公務員。既然你都在讀這本書了，作者也算是人脈弱連結的一部分。

第二、業界的老師們

　　通常外部評審委員是在學校教書的老師，會這樣選擇評審，除了是我們的文化中，內建老師等於專業的認知，也對老師這行的尊重外，依照依法行政的原則，請學校老師當評審，給予車馬費與出席費用上比較合情合理，符合採購法精神。

　　畢竟民間口耳相傳厲害的專家、師傅或職人，很難有個官方認證單位與正式書面文件，因此請還在校任職的相關領域老師擔任評審，是再合理不過的選擇，不然又會來個「圖利特定廠商」的大帽子。

　　如何跟老師們保持良性又有價值的互動呢？臺灣的老師們，一般來說都很善良也有教育熱忱，只要我們抱持著當學生

求學的心態，時不時向老師真正地請益學問，老師的論文能讀多少算多少，有公開演講就去聽，聽完寫寫簡單的心得，出書就捧場一下，也給底下學生在公司實習的機會。簡單說，對 TA「**持續輸出價值**」，一直是品牌成功經營的關鍵。

怎麼跟身為潛在評審委員的老師們有良好互動呢？訣竅是**勤寫學習心得文**。老師很可能有公開演講或受機關邀請上臺分享經驗的時候，我們分享心得！不只對學校老師，只要是公開演講的講師們，對其心理價值來說，心得文的效果比逢年過節送禮的效果好太多，容易讓人印象深刻、博得好感。

講者面對臺下這麼多人，就算點頭稱好也記不住，寫一篇好的心得文，比交換名片好得多。看老師的書或與你領域相關的論文並提供心得文，這招很有效，但這訣竅在哪裡呢？

一篇好的心得文，可以直接表明目的，說想跟老師請益或長期合作，認為老師在哪些方面能幫上我們什麼忙。讓對方心理感到舒服的方式，是對老師有做基本的功課，論文大概是出哪些方向，帶給我們什麼樣的啟發。

優秀的心得，很多時候不是真的有什麼心得，光是問出了一個好問題，就能讓人印象深刻。老師們都是做學問的人，對於回答好問題，就算工作沒熱忱，也有一定程度的敏感度，對方能感受到我們的真誠。

　　寫心得文有兩種策略。

策略一、記錄自己的啟發

　　好看的文章會引用辯證法所謂的「反、正、合」陳述法，意思是先講原先碰到的事情卻受到挫折，直到老師的一席話才撥雲見日。例如有老師願意公開分享寫標案心得這件事，我會說之前在職場都被留一手，學不會，直到碰到對方，才恍然大悟其中的道理。

策略二、整理內容

　　對方所講的內容，因為時間關係，一定沒法講得很細緻，可以挑其中一、兩處多做情境舉例，問問老師是不是也是同樣的道理。幫忙整理出三大重點，為什麼是三個重點呢？因為專業內容通常不會跳脫「態度」、「知識」、「技術」這三個大框架，把任何內容都放進去這三個重點，往前及往後補充。

　　往前補充的意思是老師講的內容通常都有所本，現在要有完全原創的學問很難，通常是引用了什麼前人理論加以延伸，可以稍微把對方的依據理論補充說明，點到為止。

　　往後補充是強調落地的方式，比如自行腦補實際情境操作的 SOP 流程，提供檢驗績效的方式，反正懂多少算多少，跟老師對答案沒什麼不對。

　　李伯鋒老師的線上課程《職場寫作課》中提醒我們，心得文需要注意的地方，是不能像是過往在學校上課做筆記一樣，把老師的話一句句抄錄下來，畢竟那是老師的智慧財產權，是對方的東西，我們能做的，是提供自己的啟發和補充，不要踩到老師們的紅線。

　　另外也提供實習計畫構想給老師們，至少讓底下的學生對未來工作看到一絲希望，在你成本能負擔的狀況下，給予這些學生實習機會。

　　如果對於寫心得筆記這方面感到有困難，我也有辦法協助您，歡迎用 Email 與我聯繫。

初創小公司從何處下手？
怎麼找到適合的利基市場中的「小眾市場」？

要累積跨領域專業，有個最重要的前提：**要先確定有市場，有人願意買單。**

民間找利基市場（Niche Market），有太多專書在介紹，本書針對創業入門者的角度，談政府標案中適合自己的利基市場，從市場需求發展，持續累積自身的跨領域專業。

寫出有價值的提案企劃來發揮品牌價值，用一系列服務建議書跟政府建立個人 / 企業品牌，有個顯而易見的前提條件：要有一定程度的專業。可是現在還沒有專業是不是就沒戲唱了？不見得。

我們先以一人公司能活下去的角度切入，于為暢老師強烈建議，優先找到適合自己「**競爭低、需求低**」的市場。

要怎麼找到一人公司屬於自身獨特做生意能安身立命的領域呢？這領域是我們完全能稱霸喊水會結凍的地方，成為特定賽局中的麥克喬丹或是費德勒。

這狀態如同科幻電影《駭客任務》中，火車人把救世

主 Neo 困在一個循環空間,大聲喊道:「Down here, I'm God!」我們多年的努力,就是要成為這樣的霸氣狀態。

我們把人們投身努力獲得可觀回報的可觀度,依照需求與競爭關係,分成四個象限來觀察:

需求競爭關係矩陣

競爭高

A象限:需求低,競爭高   B象限:需求高,競爭高

需求低 ←————————————————————→ **需求高**

C象限:需求低,競爭低   D象限:需求高,競爭低

競爭低

需求競爭關係矩陣,李承殷繪製;版型來源:于為暢老師

A 象限—市場需求低(冷門領域),競爭高

B 象限—市場需求大(熱門領域),競爭高

C 象限—市場需求低(冷門領域),競爭低

D 象限—市場需求大(熱門領域),競爭低

先說結論：如果要找到安身立命之處，至少以一人公司來講，過得還不錯、生活得下去的地方，我們可以從 C 象限**「市場需求低 (冷門領域)，競爭低」**開始切入練功。

依據《鎖定小眾：市場越窄，獲利越大》提及的實務經驗來看，如果我們沒有像川普或是巴菲特一樣的富爸爸，動輒從口袋掏出百萬美金拿來燒，那麼 B、D 象限是最不適合的，畢竟在這兩個象限打滾的人們，不是很厲害的人物，就是擁有雄厚的資本力量，我們進去就是待宰的羔羊，因此要極力避免高競爭的市場。

安身立命的基礎不是賺大錢，而是能穩紮穩打活下去。以一人公司草創初期來看，毫無經驗又沒錢、沒人脈、沒相關資源，要拿什麼跟站穩腳跟和他人競爭呢？

那麼為什麼不從 D 象限切入呢？畢竟需求大卻競爭低，不是穩賺不賠嗎？可是我們要想想，這明擺著就是一塊金礦脈，不可能只有我們這幾隻貓發現，看到風口上流行什麼，就算是自己提早卡位，一旦有資本力量的財團進來，我們根本完全沒有抗衡的本錢，一下子就會被超越敗下陣來。

如果要追求穩健，先找到安身立命的立足之處，市場需求低、競爭也低的 C 象限，就非常適合我們切入深耕。

這邊要提醒，利基市場不等同於小眾市場，很多利基市

場非常大，只是不一定會被大眾認知到。在一塊餅中的一小片，有一群人的需求很明顯沒有被滿足，而我們的產品／服務則恰巧滿足了這一角落的需求，而這片小窪地也能讓一人／奈米級規模的小公司活得不錯。

就像做餐飲業，絕對是個利基市場，無庸置疑十足是一塊大餅，可是任誰都不可能把這塊餅完全吃下來。而在位於社區、住宅巷弄內販賣雞蛋糕、鯛魚燒、紅豆餅，學生下課後的下午茶點心時段，則屬於餐飲業的小眾市場。

我們從一個角度切入市場，徹底站穩腳跟後，再穩紮穩打地擴張勢力範圍，從鄉村包圍城市。從同類型機關相似痛點的「**注重在地的最有利標**」開始做，先影響一小群人，再到一大群人被我們影響為止。

舉個例子，拍地方宣傳影片的案子，有少部分是很強調「訪談」或「類紀錄片」形式，假設你的優勢是之前很喜歡訪問各領域的職人、專家，甚至已經有訪談超過數百位達人的經驗，這些就是同樣競爭激烈拍影片的公司所沒有的，也是能稱霸的小眾市場。

前面風險的雙樁策略有提到，標案和民間累積跨領域專業是相輔相乘的，做生意也不該低估小眾市場。小眾到底是多小？ 100 人？ 1,000 人？ 10,000 人？就算只能服務 1,000

人好了，這市場也足夠讓我們活好一陣子。

再來，如果有 10,000 人，表明我們有足夠的成長空間，一段時間待在 C 象限內，似乎也不是壞事，把 10,000 人中的 1,000 人顧好（市場的 10%），根本是一門不錯的生意！

簡言之，築高牆，廣積糧，緩稱王。**極力避免競爭，先在小眾稱王站穩腳跟。**

那該如何站穩腳跟呢？滿足該市場需求，整合至少三門技能練到前段班。找到自己能努力的市場，再來就是打磨某種技能，達到能滿足該市場的需求，有賴於練到該領域的頂尖位置，這對一般人來講實在太困難了，沒天賦不可能做到。

這問題正好藉由職場漫畫《呆伯特》作者的訪談，講出了一個關鍵策略，他的繪畫心路歷程，給了我不一樣的想法。以他畫暢銷漫畫的經驗拆開來解析，再加上最近流行的發展個人品牌的風潮，我發現似乎有某種共同點：

凡是找到自己很 Niche 的市場定位，滿足特定需求，通常需要至少三項技能整合而來，把這幾項技能都練到該領域的前 1/4 強，再綜合起來的效果很驚人。

精英日課講者，也是暢銷作家萬維鋼認為，《呆伯特》作者他解構自己獨特的市場定位，滿足受眾需求來自三門技藝的交集而成：

1. 時事評論領域的繪畫技能

要成為該領域最頂尖的很難，但他的畫畫程度，呈現人、事、物的細膩觀察，絕對能排在時事評論界的前 25%。

2. 幽默技能

他每天一早起床，蒐集各種職場時事話題，用讓人會心一笑的手法呈現之，把幽默技能點到前 1/4 強。

3. 職場經驗

他曾經是一般上班族的經驗，熟稔辦公室政治的運作模式，這些深刻體悟，讓他在時事交織自身經驗上，能有獨到的見解。

這邊可以很快地總結一下啟發：
不要跟別人競爭，
打造適合自己獨特的利基市場中的小眾市場。

我們能安身立命的地方，就是不競爭的地方，這也是《孫子兵法》諄諄教誨的「百戰不殆」，也就是不輸。標案常勝軍前輩強調的「標案只有第一名」，也是同樣的道理，是能一直

下場玩不會輸的無限賽局。

　　不用心急完成某個人生目標，反而要專心打造習慣系統。要先待在適合自己又沒有競爭的 Niche 市場。《呆伯特》的一席話，讓我對安身立命的地方有了截然不同的認識：如果我們一開始經驗不足，實在找不到自己的興趣與熱情，不妨先從三門技能的交集開始練起。

　　最重要的是，這「交集」是適合自己的 Niche 市場，完全避免競爭，脫離無謂的「內卷化」。

第二章
品牌基礎：有市場的跨領域專業

跨三個領域專業的策略

　　品牌是信任你的結果，信任的基礎是對某個領域有一定的專業度。由於解決客戶的問題是個整體，不可能只用一招專業打天下，當代社會至少要三個領域整合到一起融會貫通。

　　在職場跨領域累積專業的學習方法，我認為「把腦袋內的隱性知識顯性化」的方法分類，可用個人、團體、系統化和碎片化構成四大象限來觀察。

累積跨領域專業的方法矩陣

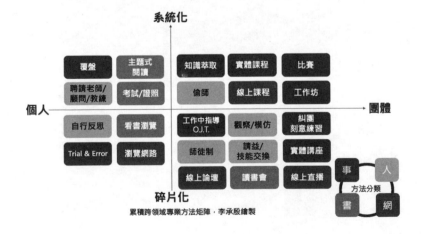

累積跨領域專業方法矩陣，李承殷繪製

依據康晉暤老師的線上課程《學習長阿康：突破學習困境與職涯瓶頸的行動指南》中方法可分成「人」、「網」、「事」、「書」來分類。

- 人：主要是找位 role model 來學習。
- 網：主要從網路來獲取知識、技能。
- 事：藉由經歷完整的事情來得到經驗，也可說是「專案學習法」。
- 書：從出版的書籍或是經過同儕審查的論文，來取得專業。

以上常見的累積專業轉換成企劃的方法，尤其以「覆盤」、「偷師」、「知識萃取」最為重要。自我成長的關鍵是輸出遠大於輸入，這矩陣中的行為都可以做筆記，可是筆記內容有原本的隱性知識，都還在別人的腦袋內，筆記只是我們輸出的前置步驟，「建立品牌價值」才是完整輸出的成果。

這三個詞彙各自有十數本專書討論，對於累積專業這件事，都有偏重的地方。

我刻意提到諸多常用方法中的「覆盤」、「偷師」、「知識萃取」這三個有系統的學習方法，分別依序用步驟一、二、三來表達學習的前後順序。

這三種方法其實都有部分重疊，特別強調著重的部分讓

入門者好理解，想要成為標案高手，沒有偏向哪一個方法最有效，在自我成長的路途上，全部會用到。

專業累積重點提示

累積方法	著重領域
覆盤	從自己的經歷出發，刻意練習客觀記錄所碰到的事情。
偷師	找一位職場典範人物 role model 來模仿（也可以是去世的古人），從這個人做決定的每個動作，對應出 SOP 作業流程，以及這個人怎麼應對事情的文件，找到業界規則邊界來突破。
知識萃取	從覆盤、偷師過程中，一定會蒐集到很多方法、招式、套路、零碎的眉角及 SOP，我們「還原」事情當時情境，整合成一個個具體、完整的問題描述，針對情境問題做出適當的反應，用因地制宜的精神，寫任何民間企劃與政府的服務建議書，而非照一個範本抄。

每日覆盤

在建構自身的品牌價值過程中，累積跨領域專業是最基本的，沒有一定程度的專業，就算有所謂的品牌也沒用，因為根本沒法真正幫助別人解決問題。

累積專業有賴於日常的檢討，可是講「檢討」二字，太容易流於空泛的幹話，非常不負責任，這邊請你用「覆盤」這個概念來取代「檢討」一詞，這是累積跨領域專業的第一步。

「覆盤」一詞是圍棋的術語，意思是下完每一盤棋後，棋手會把之前對弈的過程，包含想法、招式重新推演一遍。每一步檢查利弊得失，並看出能下得更好的機會，在不同的情境中，各自找到最佳解。

隨著時代演進，這概念逐漸用到企業管理思維領域上，用於整體學習與績效改進，非常適合一人公司用來快速提升自我出外闖蕩做生意，在不依賴組織羽翼的情況下，也能活得很好。

這裡要強調，「出外闖蕩做生意」不是單純地指涉登記公司創業。大部分的人都不適合創業，然而在變動快速的職場

上，擁有「一人公司」的思維，絕對是利大於弊，尤其想長期投入政府標案領域，更得擁有一人公司的格局與氣度。

覆盤不是流於表格形式的「P.D.C.A. 工作品質管理流程」、「A.A.R. 美國陸軍任務檢視」或「S.M.A.R.T. 做事原則」，而是處於老闆的吼叫聲、同事間的酸言冷語，或是面對專案失敗的一片沉默不語時，都能學到點什麼，把經驗轉化成能力的第一步驟。

覆盤其實並不容易，身為入門者我們把難度放低，就像優秀的職業拳擊手，會看賽後錄影觀察對手的出招習慣；高爾夫球也會回放影像，校正揮桿姿勢。不只運動賽事如此，連知名的古人也都常常做這件事，最有名的，莫過於曾子講的名言：「吾日三省吾身。」

說到古代的覆盤佼佼者，清末名臣曾國藩絕對能被稱作「覆盤神人」，從他的傳記中時常看到，他總結往日經驗持續不懈，幾乎日日為之，沒時間也會抽時間這麼做，根本是反思界的楷模。

他之前跟太平天國作戰一直打敗仗，最後靠著吸取過往慘痛經驗，擬定一連串有效的戰略、戰術，攻克天京挽救了清朝，使其多續命半個世紀。身為文人出生的軍事將領不只會打仗，無論打贏打輸，都要會總結原因，能寫出好奏折的，也都

是覆盤能手。

覆盤能告訴我們：**失敗絕對个是成功之母，一連串微小的勝利才是成功之母。**一直做同樣的事卻希望有不同的結果，無疑是瘋狂的想法。

覆盤是從自身親身經歷的事情學到什麼，不單純只是回想曾經在工作中發生的各種事件，不刻意評價個人的表現好壞，僅單純就事論事，對發生經驗原因進行分析，區分成功的要素和失敗根本原因。可是要去梳理出事情背後真正的原因，需要多年的思維訓練，這對入門者來說很困難，一開始就做得很好的，那真的是天資聰慧有天賦。

單純回想事情發生經過是好的，然而很容易陷入「當初怎麼做會更好」一廂情願的猜想，通常都淪為事後諸葛、放馬後砲，對累積專業自我成長的幫助甚微。

個人覆盤是可行的，但盲點卻不少，道理就像運動選手練習教練一樣，因為自己根本看不到。剛開始可以參考「學習長阿康」在職涯發展建議的「人、網、事、書」漁網理論來彌補，這套方法論對個人覆盤的好處是，給我們完整的大局觀，從工作中的「事」切入，搭配網路查找資料、有主題式的閱讀以及有經驗的人引入門。

該理論的實踐重點是避免主觀意識與倖存者偏差，畢竟

思維工具在個人使用上一定有不足之處，要有人來幫忙看這一塊，就像專業運動選手刻意練習時，一定要有教練在旁邊看，選手一定知道正確的運動方法，可是在練習時，姿勢還是得靠教練即時校正。

另外要強調的是，覆盤不是問題分析與解法，單純回想過程，的確能找出經驗的一部分亮點與問題，重點的是從經驗學習，這不代表是學習的全部。

只專注在解決問題，會過度專注拆解工作本身，而缺乏真正的反思，也就是說，我們會本能反應想得到一個萬能解，就像想開啟擋在面前的每一扇門，單純就想要有個萬能鑰匙，能打開所有的門。

然而在這個世界上，沒有什麼方法是萬能的。如果不只希望解決眼前的問題，而是從工作中的各種環節面向，追求整體自我成長，用真誠面對自己過往的心態，不論正面、負面、傷心、難過，用開放的心態，反思面對工作中各種事情，唯有開放的心胸，才有可能洞察真正的商機。

這一切要先「意識到」事情的運作有其內在規律，得從工作後的每日覆盤開始，重點是回想工作環節中先入為主的固著想法，我們對事情的看法都有偏誤，因此我們把覆盤的重點放在減少主觀意識偏差上。

　　主觀意識偏差，不僅在學習教訓、累積跨領域專業的路上一定會出現，入門者寫政府的提案企劃時，在缺乏需求訪談的狀況下，也會處在戰爭迷霧中，經驗又有限的狀況下，容易以偏概全，被偏見影響是很難自我成長的。

　　無論是累積專業、想找到破解局勢的方法、做出更好的決策，都會用到覆盤，光是看了電視上播放籃球明星柯比的技巧，就會覺得自己上場打球也能有如神助，明明知道這種機率非常低，卻還是一無反顧的相信，不少人寫提案寫久了（包括我），就會犯這種低級錯誤。

　　在累積專業的階段，光是有意識能壓抑亂貼標籤的衝動，先入為主認為事情一定是我們本來講的樣子，避免「都是別人的錯」，就是一個極大的進步。多少人沒得標就怪評審不專業，僥倖得標覺得自己神武英明，意識到自己倖存者偏差，是累積專業入門階段時，第一個會碰到的地雷。

　　每天覆盤的好處是，逐漸能接受當我們聽到、看到一件事時，本能反應有四塊模組：

　　一、知道自己知道。

　　二、知道自己不知道。

　　三、不知道自己知道。

　　四、不知道自己不知道。

　　以曾經被詐騙這種負面經驗為例，除了覺得羞愧丟人，事後仔細回想當時情境推演，當初是怎麼思考的，而非全部訴諸結果論，直接貼標籤「被騙就是笨」，這麼簡單粗暴的結論。

　　以覆盤思維來看，至少會有這四塊模組，用事情發生後的上帝視角，來不斷重複證明自己的愚蠢，陷入負面迴圈，這樣並沒有意義。因此，覆盤合理的範圍，可以是用八成已知來理解二成未知。

　　就像一本書翻開第一章，每一個段落都要查好幾次工具書，表示現階段不太適合我們的程度。最好是八成的內容都看得懂，只剩兩成要精讀，這是漸進式進步最好的狀態。

　　學習就是用大部分已經知道的事情，去理解尚未明白的，而不是反過來。這跟拿破崙的戰術道理類似，很多人認為他擅長以寡擊眾，其實仔細看他作戰的過程，反而很常見先把敵人的大部隊分散後各個擊破，用自身相對優勢兵力，去包圍被分化的少量敵軍。

　　覆盤本身是個很深的學問，我對它整體理解如下圖，可是這完整流程對還在累積跨領域專業的入門者來說太複雜了，一人／奈米級小公司落實在日常工作情境也不切實際，這邊僅供參考。

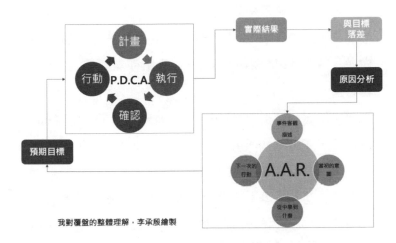

我對覆盤的整體理解，李承殷繪製

　　總而言之，針對還在累積跨領域專業的入門者來說，覆盤可以先著重脫離主觀偏差，有一種現在就能做的刻意練習：**客觀記錄事情。**

　　工作中，一定會碰到很多不喜歡、討厭、無聊、煩躁，總能讓我們想一直抱怨的事情，這邊我請你先發洩完累積一整天的情緒，然後針對每一天的日常生活或工作注意以下事項，盡量用客觀、具體的說法記錄下來，如果覺得打字很累，也可以用錄音的：

- **開會過程和指令：**包含老闆、主管、前輩、同事在工作環節對我們下的指示或曾經說過的話。

- **沒遇過的事：**有可能是第一次接觸或舊的問題解決產生新

的問題，或是未來趨勢所在。

- **一直重複的事**：指涉特別是工作環節幾乎一定週期都要做的，例如填寫勤前檢查表，蒐集產業新聞跟直屬主管報備。

- **抱怨與不滿的事**：一直聽到別人或自己很頻繁地抱怨的工作環節，或是某個同事的行為。不滿可能是做了哪些事情可是錢沒有相對應的報酬。

- **跟期待有落差的事**：代表理想很豐滿，現實卻很骨感，認為自己的付出能年收破百萬，結果沒有達成，盡可能把落差的具體項目說出來。

　　什麼叫做客觀具體？例如跟同事處不好，一直開酸或感覺給我們穿小鞋，僅講出「同事很爛，對我講話就是很酸」此類帶有情緒的表述，無法幫助我們覆盤，有幫助的會是：「同事在跟我描述工作內容分別為一、二、三項，在其中一個段落，表現出質疑的肢體語言，我對這類表現有明顯的負面情緒反應。」

　　我們養成習慣把每天碰到的具體狀況客觀記錄下來先存著，接著便可以進入我們下一個環節：偷師。

偷師

　　建立個人／企業品牌，品牌價值讓人們知道我們的存在，並委託我們解決問題，是經營信任的結果，這份長期信任的內部核心，一定有跨領域的專業在其中，不然無法提出完整的方案幫忙解決問題。

　　有一群人願意持續買單的跨領域專業，該如何有效累積呢？我認為最簡單的一句答案是：**在職場偷學前輩的「態度」、「知識」與「技能」，從這三個架構中延伸出各種商機。**

　　在一定的範圍與條件限制下，專業是相對的「知識落差」，我們知道對方不知道的。光是在商場詢問廁所往哪裡走，就是一種資訊落差。

　　知道該找誰打點的中間人，不只是資訊落差，更是知識落差，畢竟這個人知道要怎麼應對，還有多年的交情也不是朝夕就能習得，這也是偷師要關注的重點之一。

　　在職場就得偷學，偷學還不夠，還得「偷師」。「偷」好像是負面詞彙，可是如果想要在職場上學到東西，真的得

用偷的。

　　臺灣絕大部分的中小企業，可不像跨國大公司，有完善的 O.J.T. 工作指導制度。工作中沒人有時間、精力，更沒有人有義務坐下來用過往教育上課的方式好好教你。

　　對知識管理認知不充分的臺灣職場而言，普遍還是保有中華文化固有美德：凡事留一手的習慣（我沒有在酸，在沒有智慧財產權保護的時代時，這是個聰明的作法），這並不是人們刻意為之，根據我的觀察，很多時候應該是文化使然。

　　工作領域的前輩們，有的時候講話很雞湯又愛畫大餅，就算是指令也非常含糊，這是一門需要刻意練習的訓練。主管的模糊話語聽不懂沒關係，先記錄下來，就算現在聽不懂，世界上一定有人聽得懂，向外尋求協助是重要的。或許還能這麼說，讓他人樂於一直幫助自己，恐怕是社會大學必修的關鍵軟技能。

　　再厲害的人，要寫出一直能得標的服務建議書，就得在客戶與利害關係人的含糊話語中，聽出微言大義，找到痛點並對症下藥，這也是提案日常不得不面對的修煉。

　　前面提到，覆盤盡量用客觀描述來看待個人經歷為主。持續累積記錄差不多一季或半年，這時候來整合跟模仿前人行為背後的思維模型，並從中找到業界既定規範的邊界尋求突

破，這是偷師的主要訴求。

　　偷師注重模仿前人，跟師傅、職場前輩的思維與行動，甚至跟已經成為歷史的古人們對答案。要知道，每個領域行業的行規與確切邊界，在不確定的極端變動年代，為了有具體市場需求的獨特利基市場，再切出小眾需求，另闢蹊徑做準備。

　　偷師也是一種精神，就算被老闆罵、情緒勒索、嫌棄，經歷無謂的情緒勞動，我們還是不能放棄一直對答案，直到逆向工程破解對方行之有年的招式套路。不用擔心偷師會蠶食掉自己的個性，會成為一個和別人一樣的人。

　　每個人的經歷人不相同，我們的過去早已定義了我們不會和任何人一樣，偷師一定程度上提高我們的能力，增強我們的自信，既然如此，怎樣才能把偷師的技能發揮到最大呢？有幾個技巧希望能夠幫助到你。

　　在某個領域找個具體的 role model 來模仿，不一定是活著的人，已經去世的古人也行。我們要先去了解將要模仿的那個人，包括對方的過去、外在行為及背後的思維模式。

　　模仿這個人時，我們要先像專家一樣，先知道業界「規則的邊界」，偷學的最終目標是突破邊界。我看到大部分標案常勝的前輩，沒有一人是靠著完全模仿別人而持續創業成功的，都是先模仿別人，然後走出自己的一條康莊大道。連籃球

明星柯比都說：「我場上所有的動作，都是從觀看偶像球星的錄影帶學來的。」

專家多年的養成訓練，是熟悉業界的規則，而一人公司要走出自己的路，得先知道規則的邊界在哪裡。你照著其他人的公式走，最好的結果也不過是和別人一樣，說實在這也不現實，複製他人商場上的成功極其困難，就算有能持續的時間也非常短暫。難道我們看到蘋果電腦、可口可樂很成功，我們就能複製它們的商業模式？不可能！可是能偷學他們的精華，為我們的一人公司事業所用。

如果有念過碩士，可能會有個體悟：最重要的不是得出什麼理論，擴展知識的邊界，而是論文的文獻回顧訓練。透過整理過往前輩的學術成果，獲得一套看世界的方法，這是偷師的雛形。

當我們還是菜鳥時，先把一件事情盡量完整想一遍，時常做假設，體會自己在面臨相似的問題時會如何做，再去跟老闆和主管對答案。就算老闆再爛，也一定有可取之處，抽絲剝繭找出能用的，之後死命都要學會後帶走。

很多人會不屑地說，在工作中不會，難道不會 Google 嗎？ Google 好歹要知道關鍵字，還要對形式邏輯擁有一定的掌握程度，有辦法從一個關鍵字推導出一系列的關鍵字，與相

關領域拼湊出端倪，這門檻一點都不低。

　　會講出這種話的人，真的有太多天生的不平等優勢而不自知。會講這種話的，人生就算看起來很辛苦，其實是很幸運的，至少你還知道怎麼 Google，很多厲害的師傅真的不會啊！可是你敢說他們的認知程度比你差？

　　在網路時代，看似簡單到網路查資料這件事，一點都不簡單。這邊一定要分享一個真實故事：我在大學畢業後，2010年還有當過一年義務兵役的經驗，當我們以為人人都是大學畢業生，招牌隨便掉下來都會砸到碩士的年代。我永遠記得，剛進入新兵訓練營在填寫資料的時候，耳聞附近也是剛報到的新兵，對於填寫資料感到困擾，因為他的學歷只有國中畢業，種種原因導致他只會注音符號，不會寫國字，連國語都不太懂，會寫的國字就是簽自己的名字。

　　天啊！身為臺北俗，這種事只有在當兵的時候才碰得到，世界真的不是我們想像的，一切都這麼理所當然。

　　我那個時候不只待在新兵訓練中心，還有下部隊，覺得大學學歷滿街跑，沒什麼了不起，長官看到我歷史系畢業的，就把我叫進辦公室問說：「我看你個人資料是念歷史的，你會寫作文嗎？」

　　「報告，會！」

「太好了！（長官真的鬆了一口氣）那我還有那個誰誰誰的心得報告，就交給你了。」

所以我有一陣子就專門幫長官和同儕們寫作文，還可以去軍史館跟女兵們混在一起整理資料。

生長環境不同，對怎麼理解企劃這件事也完全不同。俗話說：「一樣米養百種人。」人的認知也是一樣，人們對事情理解的方法大相逕庭。光是在學校上課，有人適合直接讀課本，有人得靠老師講解，甚至有人得親自手作弄得全身髒，才能了解課堂的內容。

怎麼洞察問題，讓不同個性、天賦的人學會寫企劃書這件事，光是臺大企管系畢業生與從小師徒制出來、熟稔宮廟彩繪的師傅，這兩者極端不同的背景，就能看出理解寫企劃的方法，怎麼可能會是完全相同的呢？沒有自然而然就會這種事！千萬不要把在工作場域學不會的人當白痴。

用「偷」這個詞彙，感覺給人負面印象，不過「偷師」這個說法卻很傳神。過往工作的情境很可能是這樣：師傅、老闆或直屬主管，口頭連珠砲一般下指令，或是用訊息給予大概方向，至於細節，就是底下人的事了，在這種情形下，光是把工作做到及格就有難度了，更遑論從主管身上學。

不少有知識／技術的前輩，不是不願意教，一來教要有時

間、精力與耐心，二來職場的教育跟過往課堂單向授課很不一樣，是必須在時間壓力下取得真正成果的情境，不是考卷上咎得出來就能有成效，就算前輩要教，往往也不知從何教起。

「偷」看似負面詞彙，其實是工作日常中不得不為的事情，因為真的沒時間、沒精神好好學，只好用偷的。

在臺灣的工作場域中，一輩子能碰到一位願意坐下來好好作育英才的師傅、老闆、主管或同事，這真的是三生有幸，是非常少見的事情，別人留一手是常態，願意教才是奇蹟，我們千萬不能把奇蹟當日常。

有些老闆疑心病很重，對員工根本毫無信賴感，很怕自己一點東西被員工偷走，甚至阻止員工做筆記。既然千方百計阻擾我們也無法阻擋學習，可以用「記憶宮殿法」看文件（打關鍵字「記憶宮殿法」就能找出一堆操作方法，這邊就不細說），就算無法好聚好散，在腦海中複製文件的技能，就是像是能帶著走的蒙古包一般，是建立自己個人品牌大帝國的架設套件。

在工作中偷師分成三個要領：辨識關鍵字、列清單和有能力自行複製公司規範、企劃文件。

▎辨識關鍵字

從覆盤中我們能發現，紀錄的客觀事件中，一定能找出關鍵字，這些關鍵字都有辦法用「5W3H」來延伸出有效出課題，每個關鍵字都有九宮格，背後一定有一套想法和業界規範。比如覆盤紀錄中，老闆曾經對我說「這份文件完全沒有寫出客戶想要的」這句話，然後就退回叫我改正。

「這份文件完全沒有寫出客戶想要的。」這句話很籠統沒錯，也不知道怎麼改起，我們用 5W3H 九宮格來拆解這句話。

5W3H 九宮格

Why 為什麼要有這份文件，當初問題的情境是什麼？	What 這是什麼事情？	Who 客戶是誰？具體描述。
Where 在什麼地點區域執行？	這份文件完全沒有寫出客戶想要的	When 何時要完成？
How 如何完成？	How much 要花費多少預算成本？風險是什麼？有沒有機會？	How often 多長頻率發生這件事？

　　從九宮格中的每格各自回答問題，再從每格的回答描述中，找到一個關鍵字，接著用該關鍵字套用九宮格找一遍，把這些關鍵字蒐集起來先想一遍，把整個脈絡跟前輩對答案（不一定是要那位不耐煩的老闆），記錄由關鍵字構成與現實的落差。

▌列清單

　　清單有二種，分別是「抱怨／不滿」、「工作環節」、「錯誤清單」。

1. 抱怨／不滿清單

　　跟覆盤類似，只是這次不只記錄自己，也是記錄別人曾經在茶水間、會議室、業主辦公室或工作實作現場大呼小叫的抱怨與不滿。

2. 工作環節清單

　　把平時的工作每個環節拆解出來，例如觀察某個 PM 怎麼把案子帶進公司、跟客戶互動最後結案後請款、款項的哪個部分變成我們的薪水與年終獎金，就像流程圖一樣，一個一個步驟搞清楚。掌握把案子拿進來到真正產生利潤所有環節的各式「文件」，這個清單類似食譜或情境動作的 SOP。

行有餘力把每個動作環節多一個欄位，比較不同公司、對手或其他國家的人怎麼做這些動作，從流程的每個步驟中，找出業界約定俗成的邊界，用世界其他地方的工作方式做比較，一定有破解既定規則的地方。

3. 錯誤清單

我們或他人曾經犯的錯，犯錯當下很難面對，就先放著等過一陣子再來看看，搞不好能看出什麼商機也說不定。

這些清單無論是手寫筆記本還是存在手機裡，就帶在身上隨時更新。在職場上，有碰到跟這三個分類狀況的事情時，就用覆盤的方式，客觀記錄下來放進去。

▌有辦法自行複製公司文件

這個步驟是工作環節清單的延伸，最主要是找到業界規範的邊界，進而洞察可能適合一人公司的商機，許多機會和視野，只有在中、大企業才有辦法。

缺點是沒有辦法從頭到尾接觸一遍，上班時，最好在至少有 20 位正職人員規模的公司，能窩在這種不大不小的公司規模的好處，是介於有點制度但制度還是有點亂，卻能近距離

習得該領域完備的知識與技能。依照我的職場經驗，公司依照人數的規模特色如下。

- **門檻 1：從 1 人到 8 人**

　　老闆或共同創辦人就是一切的知識與技能泉源，老闆有時間的話，可以近距離教你。俗話說「九條好漢在一班」，一個團體一旦超過 8 人，口頭訊息就會難以準確傳達，小團體相對來說，也更容易產生。

- **門檻 2：從 10 人到 30 人**

　　一個組織超過 8 人，就開始有清楚的部門劃分與派系，溝通上再也不能用口頭有效傳達。有點制度，但不完備。自己嘗試做規章或操作手冊，就會讓人驚豔不已。有趣的是可以玩辦公室政治，權力鬥爭的入門版。

- **門檻 3：從 30 人以上**

　　每天都要經歷辦公室政治風暴，有無謂的情緒勞動要處理。好處是每個工作環節理論上都有白紙黑字的規範可循，這些文件要想盡辦法刻在自己的腦袋裡，這都是日後自由工作的關鍵。

◆ 離職的好時機

在該公司學習或成長的邊際效益還在高點時，也就是自己還寫不出公司所有環節的操作手冊前，不太建議離職。

我認為離職的好時機，是公司的關鍵文件自己全部都能掌握，不是說要帶走公司機密（這不道德也不合法，千萬不能這麼做），而是自己有辦法在腦袋內複製一份可以傳承的白紙黑字機制說明，或者掌握該領域眉角的系統化作法。

當有一天被資遣或無法穩定上班，一定得變成純一人公司之前，最重要的是自己曾經在公司經歷所有存在或曾經存在的職能中，延伸出自己能夠提供市場價值的服務。

◆ 還在上班時，拆解所有工作流程環節，找到市場硬需求

公司設立某種職位，除了酬庸或是安排老闆小三（這邊講認真的不開玩笑）外，通常是職場不可或缺的工作項目，只要牽涉到賺錢的生意，這些硬需求必定要被滿足。

1. 針對公司每個職位做一個「職務市場價值剖析表」

尤其要關注該表的市場價值說明欄位，去解釋為什麼公司會需要這樣的職缺。同時也得想想，為什麼該職缺現在還在，另外一個職位現在消失了。

　　分析自己的薪水從何而來：拆解一家公司中，從得到案子到完整獲得利潤的所有過程環節。

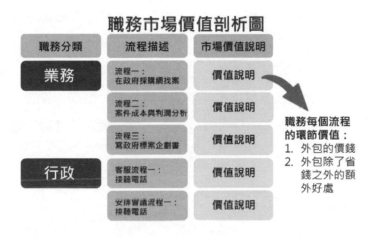

職務市場價值剖析表（圖片來源：李承殷自製）

2. 針對環節進行詳細描述

　　跟同樣是上班族的朋友們聚餐時，聊聊彼此公司該職務的異同，納入市場價值說明欄位。

　　這些環節獨自拆分後，丟到市場上，別人可能會付多少錢購買這套服務？這種訊息在網路上找不到，只能透過平時的田野調查，從客戶、合作廠商或已經從事該領域自由工作朋友的訪談後得知。

3.　提供額外價值

　　有人一定會質疑，祕書、行政這種事情怎麼可能外包。我認為問題的癥結點在於，該職位除了滿足基本需求外，你自己還能提供什麼額外價值。可能是你這個人特別好相處，半夜三點也會爬起床幫忙處理事情，還能維持燦爛的笑容，這種就是價值。無論看似多難拆解的工作職能，透過個人魅力Charisma，也是有辦法外包的。

◆ 職場的刻意練習

　　盤點還在上班時的職場背景知識與技能，延伸日後一人公司之用，可以考慮兩種模組。

模組一、一人公司可區分成三種型態

　　跨領域，跨職能；同領域，跨職能；同職能，跨領域。

　　用上班時累積的職能，最好是同領域，跨職能，比如都是從事廣義行銷工作（民間商業文案、政府標案的服務建議書等），行銷同領域可以架接多種工作，而且領域都一樣，人脈是互相重疊的，不用擔心像是土木工程和 IC 設計，兩類完全不同的人脈不相容的問題。

斜槓／一人公司的三種類型
（圖片來源：李承殷自製，摘自吳東軒的斜槓演講）

模組二、累積同領域職能

分成三種層次：自己做、教人做、帶人做。

斜槓／一人公司的三種職能層次
（圖片來源：李承殷自製，改寫自吳東軒的斜槓演講）

　　這是完全不同的三件事。其中帶人做不一定非得主管職，就算是公司的小螺絲釘，也需要跟他人或跨部門協作，這種不能面對面傳達，最能磨練遠距協同工作的能力。

▌馬上讓職能有商業價值的方法

1. 寫操作手冊。
2. 寫一系列職場乾貨心得文。
3. 在三個月內推出自己的線上課程。

　　線上課程不求大賣，就算乏人問津也無所謂，可說是穩賺不賠的自我投資。當你要教別人時，自己複述一遍都覺得講得有問題，這種反饋方式會強制腦袋去整理過去會的東西。

　　一定會有過往經驗系統化的成分，就算日後不斜槓也頗有好處。有推出線上課程並寫一系列職場乾貨心得文的人，對比嘴巴說自己能力很強卻講不出所以然的，前者更讓人信服。

　　自己職場經驗不足，就得花點小錢去找教練或顧問，槓桿別人的經驗。對的導師可以成為自己專業領域的護城河，強化優點的同時，也把自己的缺點轉成個人品牌的特點。

以一人公司擔任下包商：一個月上班六萬薪資的工作 V.S. 三個兩萬收入的工作

一般來說，要負擔一份月薪六萬元以上的工作，通常是被期許的人才，既是主管職又要帶人（如果是軟體工程師，過了 35 歲也會被迫升級成某種程度的小主管，不然請個年輕有新鮮肝的臺、清、交資工系或從資策會剛畢業，拿 33K 的來取代也行），一定要參與辦公室政治風暴帶來沒有價值的情緒勞動，導致生活品質與日常認知餘裕大幅降低。

要拿六萬元的錢，其知識技能不是拿兩萬塊的三倍而已，可能是十倍有餘喔！

這種時候，倒不如跟不同的客戶簽訂只要兩萬塊的工作。兩萬塊就是基本能從事遠端工作外包的最低限度，每個月付兩萬塊的雇主，往往也不會期待過高（前提是先篩選客戶），每個月服務三個客戶，如此不但可以保有自己的時間，又不會被干涉培養其他工作的機會，等於是奈米級外包廠商的概念。

成立一人公司前的階段性任務

1. 習得公司的所有關鍵文件，把看似零碎的眉角，至少以文字寫出系統化作法。
2. 讀該產業的價值鏈報告。

3. 隨時更新「職務市場價值剖析表」，尤其注意高附加價值的環節。

4. 打造階段性代表作，或寫出一篇被該領域傳頌的經典文章。

偷師這個階段最重要的是，要有能力複製公司 know-how 文件，這是當別人員工中最重要的部分，有作業規範或規章，跟一個專案的每一個環節步驟流程比對，通常每個階段都有相對應的表單。

公司草創沒有太好就自己創，一定找得到答案（相關關鍵字可以參考『PMP 專案管理』）。知道業界的規定範圍，之後才能打破規矩。

知識萃取

▌知識萃取對寫企劃書的重要性

為了建立品牌價值，在累積跨領域專業的路上，我們已經有偷師、覆盤的概念了，前面累積了素材後，要把它變成自己組織的知識，這就牽涉寫政府標案提案企劃的最關鍵環節：「知識萃取」。

這不只適用於標案，也是全世界提案企劃的精華所在，甚至提案企劃專家想任何事情，腦袋內都是有清晰結構的。把自身獨特專業轉換成企劃文件的過程，有很多人非常愛問：「寫提案企劃文件時，是否有個萬用版本可以抄？」我認為這個想法是有毒的，因為抄只能抄到表面的章節、段落結構，卻很難看出這些策略、方法背後，實際要解決何種具體情境問題。

有人肯定想說，不會啊！提案企劃裡面不是都有前言和問題描述嗎？是啊！可是隱藏在背後的邏輯，並不會用白紙黑字告訴你。

舉個簡單的例子，每年我們都有歡慶元宵節的活動，政府標案公告開出的需求說明文字，每年也都差不多，你難道能

把去年曾經得標的企劃書，原封不動的再去同一個機關提案一次嗎？活動的 Logo、請的主持人都一樣，活動規劃都跟去年一模一樣還會得標？

因為事情相同，但每年碰到的情況絕對都不同，而且創意這種事，怎麼可能重新複製貼上一次呢？如果民眾看到燈會長得跟去年一模一樣，在網路上一定會瞬間被炎上吧？這無疑是個可怕的公關危機。

讀完這個例子，你應該會感到疑惑，怎麼會舉這麼白目的例子？要舉這麼簡單明瞭的例子，就是因為真的有人問過我！本書時常舉很多看似不用想就知道的案例，可是世界上真的會有人不知道，而且人數不算少。不知道的人就是不知道，要一再被提醒。

既然過往的服務建議書不能照抄以前的，抄別人的也不會得標，那到底是什麼構成了能得標的提案企劃書呢？這個問題或許我們應該這麼問：「厲害的人怎麼在專業上能融會貫通面對各種問題情境外，又能適切地在企劃書中呈現出來？」

知識是什麼？

那些專家腦袋內的知識、技能是怎麼運用在實際場景呢？當我觀察到前輩們把一身功夫精妙地融入服務建議書紙面上時，這過程跟《知識煉金術》書中提及的現象十分相似：一門還活著的知識，可謂一連串 A、B、C、D、E、F 條件構成的。

首先，人 (A，agent) 是知識的載體與傳遞者。每個人的知識結構都是獨特的，由他們的經驗、技能和信息的交匯構建而成。當面對相同的挑戰時，不同個體可能會展現出不同的解決策略，因為他們擁有的知識架構有所不同。在實踐中，個體會不斷地學習和更新自己的知識體系，並與他人交流，以促進集體智慧的進步。

行動 (B，behavior) 是知識的具現。透過行動，個體展現了他們的思考和解決問題的能力。在這過程中，個體的意識、情感和思維活動，交織成知識的獨特表現，彰顯了知識的活力和創造性。

場景 (C，context) 是知識展現的舞臺。在特定的環境和條件下，知識得以被運用和傳遞。學習和應用知識的過程，總是與特定的情境緊密相連，它們相互影響，共同構建了知識的意義和價值。

目的 (D，destination) 是知識的指向，它定義了知識的用途和重要性。每個知識活動都旨在解決某個問題或完成某個任務，是對未知和挑戰的回應，體現了知識的價值和意義。

信息內容 (E，entity) 是知識的基石，它包括了所有可以被學習和思考的素材。透過對信息的收集、整合和分析，個體可以形成自己的見解和判斷，並在實踐中不斷地優化和完善。

反饋 (F，feedback) 是知識循環的關鍵，它反映了行動的效果，提供了改進的依據。通過對反饋的分析和理解，個體可以調整自己的知識架構，促使知識不斷進化和完善。

從 A、B、C、D、E、F 我們能觀察到，活的知識基本上一定是跟「人」脫不了關係，再厲害的功夫如果只變成圖表、論文、線上課程……等形式，卻沒有人為之使用，這也不是有效的知識。

方法在，問題卻消失了，如何將隱性知識顯性化？

讓我們透過一個生活中的小故事，來展開這次的探討。

在一次朋友聚會的時候，眾人見到主人家在烤雞前，先將雞切成兩半再放入烤箱。這個看似不合邏輯的舉動，引起了在場者的好奇：烤箱明明夠大，完全可以容納一整隻雞，為什麼還要先將雞切開呢？

　　經過一番追問，原來這個習慣是主人家從她外婆那裡學來的。在外婆的時代，家裡的烤箱太小，只好先將雞切成小塊再進行烹飪。而這個習慣在時光的流轉中，被悄無聲息地傳承了下來，即便環境已經有了變化。

　　這個簡單的故事，卻隱喻著生活和工作中許多深刻的道理。無論是個人還是組織，都會有其固有的思維模式和行為模式，這些模式在一定程度上，形成了我們解決問題的「**慣性思維**」。而當外部環境發生變化時，如果我們不能及時地調整自身的思維和行為，就可能會陷入困境。

　　再舉一個例子，不少公司有著輝煌的戰績，順利產生利潤的訂單案子中，曾經有過無數的成功經驗和教訓被記錄下來，躺在檔案櫃內，形成了企業的知識庫。可惜的是，當初幫公司解決問題的員工陸續離職，沒有徒弟順利交接，留下的僅僅是冷冰冰的文字和數據。

　　新來的員工在面對同樣的問題時，僅依賴書面的記錄，而忽略了實際的操作經驗，在沒有老手的監督下，很可能會導致一連串失誤，造成公司損失。

　　這時候，如何將那些厲害的人腦袋中「隱性知識」轉化為「**顯性知識**」，並將它們準確地傳遞給新人，就成了每間公司都逃不了的問題，一人公司與其他人協作時更是如此。

　　這個問題在《第五項修練》提到的學習型組織理論，任何一間公司邊賺錢、邊累積專業的過程中，都有兩種性格無一例外：第一個性格是「營利事業單位」，另一個則是「學校」。開公司就是要賺錢，這是天經地義的事，但第二種「學校」的性格就很少人提到，可是卻是關乎公司生死存亡的大事。

　　「學校」這種公司性格，主要是用來經驗傳承，為了未來能洞察更多商業機會，要不斷拓展新的認知，能繼續打造新專業，建立第二曲線，也用來培養人才。

　　因此，能寫得出一本本及格的服務建議書，意味著我們有能力把「隱性知識」轉化為「顯性知識」，又能產生商業價值的結果。寫得出來有賴於傳承寶貴的創業經驗外，依照《內容電力公司》一書談論內容行銷的邏輯，透過內容再生產機制，精準投放給適合我們的小眾客群，又能發現源源不絕的商機，進而產生額外的利潤。

　　把隱性知識顯性化的這門學問，我們稱之「知識萃取」，屬於「知識管理」的大範疇。

　　知識管理要處理的問題是，大多數專業見解散落在不同地方，或只存在他們自己的腦海中，缺乏系統化的整理和歸類，也沒有傳承者能維護該知識與技能，更沒有加以利用和知識分享的方法，協助公司賺更多錢，或讓非營利組織達到想要

的目標。專業人士解決問題後產生的文件，被散亂地放在某個資料夾內沒被整理，甚至是整個失傳。

而這邊我們談論的知識萃取，則是知識管理中的一個關鍵環節：**注重把看不見的知識與技能，轉化成能產生商業價值的文件**。而企劃的存在，則是弭平一人公司專業與機關需求之間的落差。

對政府標案的意義，在於腦海內跨領域專業的隱性知識，能變得像是圖、表、文般，展現在人們眼前，應用於提案企劃與知識變現。人跟事情綑綁在一起，才是組織的核心，面對生意的事情和一連串問題，有賴於人才腦袋內的知識與經驗。

意思是一人公司有執行的經驗跟能力，寫企劃比較像是把它能夠做的東西和標案的需求中間落差描寫清楚，某種程度上是在做知識萃取和產出。

相對於知識萃取，一般人想到的應用面是在自我成長、規劃線上課程等方面，可是產生企劃書跟知識萃取的過程高度重疊，把腦袋內隱藏說不太清楚的專業，有系統地呈現在文件中。

▎如何快速知識萃取？

　　曾經有夥伴問我：「針對完全不熟的領域，你是怎麼協助剛創業的業主，在完全沒有任何參考範例下，寫出能得標的建議書？」

　　我個人經驗比較偏剛創業的夫妻檔，先生通常是身懷專業的師傅，手作很強，比較缺乏口語精準表達能力，特別是當初怎麼順暢地解決一個又一個的專案講不太清楚，以知識萃取來看，有幾個步驟，我認為形成案例庫最重要：

步驟一、用訪談法跟專業人士、師傅們談案例

　　案例分為成功和踩到地雷兩種，踩到地雷並非所謂的失敗，而是單純客觀的描述發生了什麼事。至少講五個案例說明，有點類似講創業故事的心路歷程。

步驟二、從案例中汲取關鍵字

　　我習慣把人當作一本書來看，而一本書一定有數個關鍵字組合，專業人士面對問題時也不例外。這類似關鍵字讀書法，就像文化研究領域的權威學者雷蒙德威廉斯（Raymond Williams）的《關鍵詞》書中提到，找出字詞之間的關聯性，對之後做卡片筆記的辨識也是重要的。

　　建立自己的關鍵詞資料庫後，運用 AI 協作、網路上與圖

書館進行主題式閱讀，針對一個主題讀一系列相關的書、文章或 AI 生成的摘要，書不用讀完，以客戶需求為前提，找到有價值的作法。

步驟三、請專業人士在敘述整體案例後講流程

特別是每個流程的背景，做這個流程當初是怎麼思考的，基於什麼具體理由，因而做出這些動作。

步驟四、完成經驗案例庫

面對不同的案例中，一定有相對應不一樣的流程與各自瑣碎的注意事項，完成經驗範例庫，找相對應的範例對照，確認其完整性 M.E.C.E.。案例庫的格式，可以參照過往「奇摩知識＋」或是中國的「知乎」，一個具體對應一個明確解決方案，例如：「怎麼在 20 天內，拍出 30 人海外訪談紀錄片？」內容應該包含 5W3H，基本的人、事、時、地、物，案件的前提條件都要出現。

步驟五、經驗範例庫參考關鍵字

依照關鍵字，參考《卡片盒筆記》中介紹德國社會學家魯曼（Niklas Luhmann）的精神，做成卡片筆記。每一份筆

記都是單一個概念，提及相對應的背景與流程。卡片筆記對快速寫下一本服務建議書幫助很大。

《組織經驗萃取》一書建議，案例需真實呈現事件，其目的並非彰顯成就或責怪失敗，而是透過總結經驗教訓來得到啟示。無論成功或失敗，都需如實呈現案例場景，不放大成功，也不掩飾失敗。專家往往在行動和思考時是下意識的，並認為這些行動是理所當然的，故在回顧場景時，容易忽略一些關鍵細節，常見如：

1. 只談結果，不談事件的完整經過。
2. 只描述行動步驟，不談行動的原因。
3. 只談直接結果，不談後續影響。

當自己身為該領域的專業人士，展示你自身技術和表達觀點時，大多數人通常只能看到技術實現的結果，而無法看到達到這些結果的步驟，和基於何種邏輯形成的觀點。如果沒有經過訓練，身懷絕技的老師傅們，平時知道怎麼做這門技藝，卻很難講得出來，不知道怎麼變成口語表達，不會口語化，甚至連變成圖、表、文都有問題。

專業人士或師傅們無法清晰地解釋他們是如何實現這些技術，是非常普遍的，大多數時候他們只能提供片段的解釋，

也無法準確地講出關鍵字，因為這些技術或觀點，已經成為這些專家們的第二天性，可以在不經思考的情況下使用，卻不知道怎麼在面對該領域不同認知水平的人時精準表達。

▋知識萃取的價值

想像一下，一位對你的專業一無所知的新手，如果你要從基礎開始指導他，直至他達到你的水準，你需要教授他哪些內容？針對這位新手，有辦法量身訂做出列出具體步驟與作法嗎？這在服務建議書中很關鍵，因為評審有可能是專業的，也可能是擦邊球，或是專業卻對整個專案不熟。要讓他人簡單易懂地快速抓到狀況。

我們累積相似的問題後一定會發現，就算 SOP 大致相同，但是根據情境不同，SOP 後面的注意事項，就會變得完全不一樣。

舉個生活中的例子，我們假設以「整理書桌」這件再平常不過的事，當作一個標案來看，整理書桌的 SOP，相信大家都列得出來，然而真正收書桌的高手，不會只滿足 SOP，還有各種情境下非常細碎的注意事項。

針對「整理書桌」這件事，以幫董事長整理書桌、幫工程師整理書桌、幫 10 歲小朋友整理書桌這三者，訂出不同的

策略。直接套 SOP 是相同的，然而他們的需求和優先順序，
會有顯著的差異。以下簡單列出這三者的不同策略：

1. **幫董事長整理書桌**

- **專業形象**：保持書桌整潔且高度專業的形象。
- **文件管理**：建立一個有效的文件存儲和管理系統，以
  便快速找到重要文件。
- **私密性**：確保所有敏感和私密文件的安全存放。
- **個人化**：保留一個區域展示個人物品，如獎項或家庭
  照片等。
- **會議準備**：確保有一個乾淨的區域，可用於小型會議
  或是訪客來訪。

2. **幫工程師整理書桌**

- **工具存放**：提供足夠的空間和工具，來存放和組織各
  種工程工具和設備。
- **技術設備**：確保所有技術設備（如電腦、充電器等）
  的安全和方便使用。
- **項目管理**：建立一個系統，來追蹤和管理各個項目的
  文件和資料。
- **休息區**：設置小型休息區，用於短暫的休息和放鬆。

- 　創意空間：留出一個區域來擺放靈感來源，如書籍或創意玩具。

3. 幫 10 歲小朋友整理書桌
- 　學習區：確保有一個專門區域，用於做作業和學習。
- 　玩具和遊戲：提供一個區域存放和組織玩具和遊戲。
- 　藝術區：設置一個藝術區用於繪畫和其他藝術活動。
- 　個人物品：留出空間展示他們的個人物品，如獎牌或手工藝品等。
- 　易於維護：確保所有區域易於清理和維護，並教導他們如何保持整潔。

　　每個策略都應該考慮到目標群體的特定需求和興趣。例如董事長可能更關心私密性和專業形象，而小朋友則可能更關心玩具和藝術區的組織。

　　過往的經驗要快速提取使用，針對問題的描述，搭配具體的前提條件，才能放進經驗案例庫。

　　你一定會問，用前面一版的建議書，部分複製貼上就好了，何必還要有知識庫呢？因為這牽涉兩種狀況：

狀況一、不知道能用的在哪裡

之前這個案子只有你碰過，你的協同夥伴不知道，請問他要怎麼知道可以用哪本建議書中的哪個版本？版本用錯被評審抓到細節就好笑了。

狀況二、前提條件不同

這個小節的處理方式，是針對上個案子，每個案子都是不相同的，前提條件都不一樣。每種知識都是有天時、地利、人和的，先解釋清楚前提條件，就不會牛頭不對馬嘴，看似同樣的問題，都需要不一樣的作法，描述問題的精準度是關鍵。

看似同樣的問題，問題與解答，當初是怎麼轉化的？怎麼知道是要用這一段來改寫？這有賴於平時有沒有在做筆記，而且這些筆記，是很容易回想並很快找到提取出來的。

很常見的狀況是，之前寫過幾十本服務建議書，其中有個執行細節段落寫得很好，被評審稱讚，可是卻忘記是寫在哪一本。由於時間緊迫，還得請人特別找出來，要怎麼快速找到並用在此次的建議書很重要。

這邊再以曾經得標的抓漏標案當作範例，剛開始這位客戶不太會說，我先知道標的，還有他看現場的照片以及他的診

斷。如果直接問他是怎麼做的，一定講不出來，因此我運用以
下的框架，一個個問題慢慢問，可以根據具體情況進行調整。

　　當你從經驗到卡片，再從卡片轉成企劃形式時，你可以
將卡片視為企劃書的「**建構塊**」，每張卡片都包含了一個特定
的概念、策略或案例，這些可以組合成一個全面的企劃。以下
是一個基本的框架，你可以根據具體情況進行調整：

1. 定義專業範疇

- **核心技能**：請師傅描述，抓漏的核心技能是什麼？
- **專業術語**：請師傅分享一些抓漏領域的專業術語和它
  們的定義。
- **工具和材料**：請師傅講述在抓漏工作中，常用的工具
  和材料。

2. 經驗分享

- **案例分析**：請師傅分享五個他過去處理的抓漏案例，
  包括不同的情境和解決方案。特別是不同情境但
  SOP 大致相同的案件，差別在於注意事項。
- **常見問題**：請師傅講述一些客戶常見的抓漏問題和解
  決方法。

3. 工作流程

- **標準操作流程**：請師傅描述從接到任務到完成抓漏的標準操作流程。
- **安全措施**：請師傅講述在工作過程中的安全注意事項和措施。

4. 專業發展

- **持續學習**：請師傅分享他如何保持專業知識更新的。
- **行業趨勢**：請師傅講述一下，他對抓漏行業未來的看法和預測。

5. 客戶交流

- **客戶溝通**：請師傅分享他與客戶溝通的技巧和經驗。
- **客戶教育**：請師傅講述如何教育客戶預防漏水。

6. 案例示範

- **實際操作**：如果可能的話，請師傅展示一個簡單的抓漏操作。
- **操作要點**：在示範過程中，請師傅強調操作的關鍵步驟和要點，引導師傅說出關鍵字。

　　從運用知識管理／知識萃取的角度來看，我們可以將上述的資訊整理為以下幾個部分：

1. 知識庫建立

- **滲水位置知識庫**：將建築物滲水最常發生的位置，整理成一個清單，例如廁所外牆、樓板角隅……等。
- **滲水現象知識庫**：將滲水現象的觀察參考，整理成一個清單，例如白華、壁癌、青苔……等。
- **白華形成機制知識庫**：整理白華形成的原因和特性，例如雨水與水泥或砂的化學反應、有水時的反應特性……等。

2. 知識萃取與分析

- **滲水位置與現象的關聯性**：分析哪些滲水位置更容易出現哪些滲水現象，例如廁所外牆是否更容易出現壁癌。
- **白華形成的條件與特性**：分析白華形成的主要原因，以及在何種條件下會停止反應。

3. 知識應用與分享

- **滲水預防建議**：基於滲水位置和現象的知識，提供建築物的設計和維護建議，以預防滲水。
- **白華處理建議**：基於白華形成的知識，提供如何處理和預防白華的建議。

▌對繼任者說話

在撰寫經驗案例庫內容時，對「**繼任者**」說話的精神最重要。跟誰講話決定我們是否會留一手。如果是跟大眾說，就難免隱惡揚善；對一人公司的繼任者就是未來的自己，接下一棒要做這項專業的人，很自然不會留一手。

就像生命走到盡頭時，留給親愛的孩子們一封信，內容一定比給下屬或公眾更坦誠。這時候，好的知識萃取，依據羅振宇在《羅輯思維‧啟發俱樂部》第 34 期〈個人、企業如何做好知識萃取〉中講得很精闢，他認為好的知識萃取，一定會講三個重點：

1. 以真實案例為核心

把經歷的事以寫「旅遊遊記的精神」寫出旅遊攻略，特別是提及曾經踏過的踩雷清單，比如某地扒手特別多要準備腰包、哪些景觀餐廳菜色真的不好吃不建議去……等。

2. 碰到難題能找哪些人

　　把自身的關係交代清楚，這概念類似臨終前告訴身旁的寶貝兒女，去外地發展做生意，人生地不熟可以找誰投靠，把自己的人脈網絡說清楚講明白。

3. 依據過往的經驗，還有哪些可能性

　　這些事情寫自傳都不會寫出來，重要的是把協作的人際網絡列出來，給繼任者知道。要說得更簡單，那就是把知識萃取文件當作〈交接手冊〉來寫。假設是一人公司，就是寫給未來的自己，因為過了一些時日，有些眉角自己肯定會忘記。

　　這樣的精神是什麼？就類似英美海洋法系的判例，類似旅行、留學、面試攻略，不同情境就有不同應對方式。光是掌握及格的知識萃取技能，其最大的好處，就是在缺乏實務經驗下進行逆向工程，這是這門學問的用意所在，也是洞察市場需求後，寫出任何類型的提案／企劃的底層邏輯，企劃這門技藝每個領域都跑不掉。

　　為什麼說標案的服務計畫書格式，意外地適合來呈現我們組織內部的知識萃取文件呢？這邊先貼一個通用的服務建議書章節範例：

壹、計畫緣由與背景說明

貳、本案整體策略說明

（一）歷年同性質案件分析與特色

（二）歷年同性質案件不足之處

（三）歷年同性質案件分析與定位

（四）本案案件整體策略架構

參、本案策略之執行細節說明

（一）策略原則

（二）策略執行流程

（三）執行細節說明

肆、公司簡介及本案工作團隊

（一）公司簡介：簡介基本資料、理念及優勢

（二）公司對本案的價值

1. 在地耕耘多年的地方企業

2. 完整實蹟說明列表

3. 遵守標準作業程序

4. 擁有專業技術

5. 完善的教育訓練

6. 遵循 PMP 的文件管理制度

（三）本案工作團隊

1. 本案工作團隊之組織架構

2. 成員學經歷及所擔任工作

（四）執行本案主責窗口及聯絡電話

伍、創新及加值服務項目

（一）一頁式網頁

（二）KOL 宣傳（需簽合作意向書）

（三）協助撰寫三篇新聞稿

（四）30 秒短影片廣告與播放服務

（五）活動紀念手冊

陸、本案經費配置

柒、風險管理

（一）風險辨識原則

（二）風險辨識表

（三）風險控制策略圖表

捌、品質管理

（一）品質管理遵循原則

（二）品質檢核機制

玖、預期效益

（一）質化

（二）量化

拾、結論與附件

　　上述章節，是不是覺得列得很細？從大架構到執行細節都講。相對於不少民間提案，可以用幾頁簡報大方向帶過便能拿到案子，可是跟政府機關不行，要列得越完整、越細越好。

　　這麼注重細節的文件，以知識萃取要闡述的三大元素（專家、情境、繼任者）來說都符合。把師傅腦袋內的隱性知識呈現給外行人看，要寫得很簡單，所以要解釋很多，其程度大概要放在小學畢業就能看得懂得程度。

　　在標案場上，評審們可能被十幾間廠商連續銷售疲勞轟炸，再專業的專家腦袋都會打結，智商短暫不在線，這時就得用老嫗能解的方式，讓門外漢程度的人聽得懂。要讓人聽得懂，在於用對方聽得懂的簡單語言溝通，特別是用繼任者的口吻來說明每次都不同的具體情境會更完整。

　　由於每次的情境都不相同，在「計畫緣由與背景說明」中，就要說明案子怎麼來的，任何案子不會無中生有，事出必有因，掌握其中的天時、地利、人和，就能知道事情的結構，從中能針對具體情境展現。

　　談完知識萃取不知道有沒有發現，標案高手思考問題都是有結構的，而有市場的跨領域專業，是由很多事情組成，我們拆解成最小的單位元素來看的話會有個疑問：元素跟元素之間有什麼關係呢？這些關係連在一起會形成一片網，這到底能

帶給我們什麼呢？

　　為了理解這張網對我們有什麼用，勢必得用到企劃思維中最底層的學問：系統思考。

> ## 洞察商機：提案企劃底層邏輯——系統思考

▎系統思考對寫企劃書的重要性

在我們討論政府標案服務建議書與系統論的關係之前，我想分享一個讓我印象深刻的小故事：

在一個宜人舒適的農場裡住著一群火雞，每天早上九點，農夫準時為牠們送來食物，上午九時準時用膳，逐漸成了火雞們日復一日的期待。經過一段長時間的觀察，火雞們相信這是一個不變的規律。這時，有一隻火雞在聖誕節的清晨，激動地向同伴分享了這個「鐵律」。

然而奇怪的是，聖誕節那天早上，農夫並沒有按時送來食物，而是將引頸期盼的火雞們一一送往屠宰場，所謂的鐵律無疑是一場笑話。

這個火雞故事由思想家柏特蘭‧羅素（Bertrand Arthur William Russell）所述，強調僅憑表面的歸納並無法得出可靠的結論。在缺乏充分證據的情況下，過於依賴豐富經驗中的歸納法，可能會導致偏頗的誤判。在評估事物時，必須深入探討背後的各種因素，而非僅僅被表面的現象所迷惑。

　　在這個譬喻中，火雞因為長期觀察到農夫的定時餵食，而過度自信這個規律會永遠持續。然而牠們卻忽略了農夫餵食的真正意圖——讓牠們茁壯成長，以便在聖誕節那天成為佳餚。

　　再舉個平常生活中常見的例子，不少經歷過臺灣經濟奇蹟的長輩們認為依然堅信「愛拚才會贏」、「勤勞樸實」、「省吃儉用」的策略，就能讓收入增長，有能力買房，畢竟他們年輕時都是這樣苦過來的，堅決相信這種經驗對現代年輕人一樣適用。這個概念如同看到方格棋盤上有黑、白兩子，不仔細看以為是在玩五子棋，其實規則很可能是圍棋。

　　有些前輩相信，有經驗才有辦法寫出好的服務建議書，沒經驗什麼都不用談。真的是這樣嗎？我認為這番言論反映了在臺灣社會氛圍對實戰經驗的「過度依賴」。在某個領域的專業，特別是經驗豐富的專家，會有「功能性僵化」的問題，也就是俗稱「手裡拿著鎚子，看什麼都像釘子」。

　　我們再拿格言來說：「三個臭皮匠，勝過一個諸葛亮。」對比另一個完全相反的「廚師多了燒壞湯」，兩造雙方都有道理，該如何抉擇呢？我們可以發現，過往所謂老祖宗的智慧或經驗彙整出的格言，都有個明顯的特徵：**不講環境背景與前提條件。**

　　美國國防部長倫斯斐德（Donald Rumsfeld）在 2002

年 2 月份做新聞簡報時，針對「未知議題」的發言：「如我們所知，事情有分我們已經知道的已知事實，也有我們知道的未知事實，還有我們無法知道的未知。」

他講這句話似乎是講廢話，但卻也說明了系統思考能幫助我們判斷「無法知道的未知」的重要性，特別是在跟政府做生意這一塊，有很多事情我們是不知道的。

我們創業做出的每一步重大商業決策，或在狀況不明下構思企劃書時，既然不能太依賴經驗中的歸納法，那麼我們該怎麼辦？這時靠邏輯推論的系統思考就很重要了。從哲學家羅素的火雞故事中，我們能觀察到：

第一、短期觀察的誤導

在故事中，火雞每天都得到食物，從而輕易地形成了一種假設，即人類會繼續餵牠。然而當聖誕節到來時，事情突然改變，火雞們被割喉。

第二、缺乏整體系統視角

火雞們沒有意識到，牠們是在一個更大系統的脈絡（context）中，這個系統包括聖誕節的傳統和人類的飲食習慣。如果火雞們能夠從系統的角度來分析其情境，可能就會得出不同的結論。

　　我們在洞察市場趨勢，觀察客戶真正需求時，沒有把自己放入整個系統來觀察，很容易得出完全錯誤的方向。而脈絡是理解事物的背景或情境。我們想像一下，當你在看一個故事，故事中的人、地方和事情，就像是一個大的畫框，裡面的所有事物都是相互連接的。了解脈絡就像是知道這個畫框裡面的背景故事，能協助我們更好地理解正在發生的事情。

　　就像跟朋友聚餐，朋友吃飯吃到一半突然哭了起來，經過詢問了解脈絡後，可能意味著他養了十年的貓走了，原本不明所以的哭泣，到現在我們能理解朋友為什麼會崩潰大哭。脈絡就像是一個提示，告訴你背後ㄣ能發生了什麼。

第三、經驗的局限性

　　基於過去的經驗做出假設非常危險，特別是在環境或條件發生變化時。過去的成功不一定能保證未來的成功，這要求個體或組織能夠持續學習和適應。

系統思考的層次

　　那麼我們每天面對這麼多事情，事情跟事情之間到底是怎麼運作的呢？跟寫服務建議書的關係是什麼？我用以下這張圖來說明：

商業問題系統思維圖

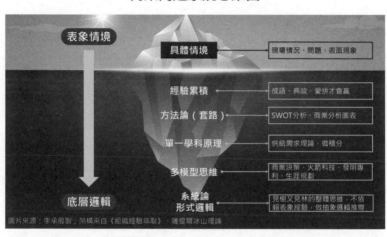

圖片來源：李承殷製；架構來自《組織經驗萃取》、薩提爾冰山理論

　　這張圖我引用冰山理論來展示商業日常問題和表面現象底下深層的邏輯關係。冰山的頂部是可見的部分，代表表面的、明顯的或具體的事物，而冰山的下面是不可見的部分，代表深層的、隱藏的或抽象的事物，我們可以如下理解：

- **創業每天具體情境**：位於冰山的頂部。這是最直接、最明顯的層面，包括我們每天遇到的具體情境、問題和挑戰。

- **經驗累積**：稍微在冰山之下的層面。過往職場累積的經驗，學會如何應對類似情況。

- **方法論**：更深層次的區域。方法論來自於經驗的累積

和理解，提供一套解決問題和面對挑戰的方法和技巧。這也能被理解成每個專業都有所謂的套路，平常都這麼做都有效，或者説眉角。

- **單一學科原理**：位於冰山更深的層面。這一層包括單一學科的基本原理和理論，它們形成了方法論的基礎。

- **多模型思維**：更接近冰山底部的層面。在這一層因為問題的複雜程度以等比級數上升，因此得從不同學科的角度來看待和解決問題，進一步擴展了我們的視野和埋解。

- **系統論與形式邏輯**：位於冰山的底部。系統論提供了一個全面的視角，來理解事物的相互關係和整體結構，它涵蓋了上述所有層面，並提供了一個整合不同模型和方法的框架。然而系統思考要做得好，有賴於受過西方的形式邏輯訓練，習慣對事不對人，不去檢討受害者。

藉由冰山模型我們可以看到，從具體商業情境到抽象的系統理論，每一層都建立在前一層的基礎上，形成了一個連貫的、多層次的理解框架。在這個框架中，日常的具體情境提供

了經驗的基礎，經驗累積和單一學科原理形成了方法論，而多模型思維和系統論，則提供了更高層次、更全面的理解和解決問題的能力。從表層情境能推論出底層邏輯，並運用多模型思維舉一反三，這種能力可以稱之為系統思考（System Thinking）。

　　系統思考是一種幫助個人和團隊理解和解決複雜問題的方法。它強調了事物之間的相互連接和相互依賴，並且通常分為幾個不同的等級或層次。

　　以下是系統思考的一些常見等級，每個層次都提供了不同的洞察力和理解，並且可以幫助個人和團隊更有效地解決複雜性問題。透過掌握和應用這些不同層次的系統思考，特別是需要大量撰寫企劃書的知識工作者們：

系統思考等級表

模式	特徵
事件思考 （Event Thinking）	這是最基本的思考層次，主要關注單一事件或問題，並尋求直接的解決方案，特別是依賴過往經驗的習慣，火雞故事就在這一層。

模式思考 （Pattern Thinking）	在這個層次上，人們開始觀察和理解事件之間的模式和趨勢，並嘗試找出造成這些模式的原因。
結構思考 （Structural Thinking）	這個層次關注系統的結構和規則，以及它們如何影響模式和事件，結構思考幫助人們理解和識別潛在的構造性問題。在服務建議書中，能有效畫出文氏圖、流程圖、思維導圖等沒有遺漏的屬於這一層。
思維模型思考 （Mental Model Thinking）	在這個層次上，人們不再侷限於自身經驗，而是用多個模型相互對照舉一反三。
系統思考 （Systemic Thinking）	這是最高層次的系統思考，它涵蓋了所有先前的層次，並且強調了跨系統和子系統的相互作用和相互依賴。

▎系統思考的基礎：系統論概述

　　系統思考中基礎「系統論」的概念，來自系統動力學之父福里斯特教授（Jay Wright Forrester）提出系統動力學框架，之後傳給唐內拉梅多斯（Donella Meadows），這些思維架構，讓彼得聖吉（Peter Senge）出版非常著名的《第五項修練》，是系統思考在全世界最具影響力的商業著作。

　　這本書直接讀不好懂，建議先讀其他系統思考入門書，其中優先推薦中國著名商業顧問劉潤的《商業洞察力 30 講》與《底層邏輯》當入門書中的敲門磚，再去讀《第五項修練》。

　　要看真正的需求，僅靠普通的觀察是不夠，有個詞彙叫做「洞察」，意思是能看清楚事情表面底下發生的事情。這就像擁有超人透視眼一樣，不只看到機械手錶指針在錶面轉動，還能看清背後的機械齒輪運轉著，機械本身就是個系統。

　　洞察也像是玩戰略遊戲開啟戰爭迷霧，敵人動向、資源布署，尤其事務跟事務之間的關係，看得一清二楚。有天賦的人習得後，就像在商業世界被開天眼，有著上帝視角俯視全局的能力。資質普通的人，也能比平常人更能看透事務，大幅提升得標機率。

　　在所有入門書中，我發現劉潤是把系統思考講得最簡單易懂，因此這邊引用他的整理方式，讓你了解系統思考跟寫提案 / 企劃的關係。

　　用抽象的角度看系統，我們可以理解成最根本可分成兩個關鍵詞，第一個叫元素，第二個是元素間彼此的連接關係。

　　寫成公式是：系統＝元素 X 彼此之間的關係

　　普通人只看到手錶外觀，有洞察力的人可以看到手錶背後的機械運轉，把機械內部零件彼此的關係看得一清二楚。

　　既然知道了元素以及元素之間彼此有關係，關係分成四種：因果鍊、增強迴路、調節迴路以及滯後效應。這四種關係交織在一塊，會互相影響進而產生變化，形容變化的詞彙叫做「變量」。我們依序簡單看這幾個詞彙的意思。

系統思維元素關係圖

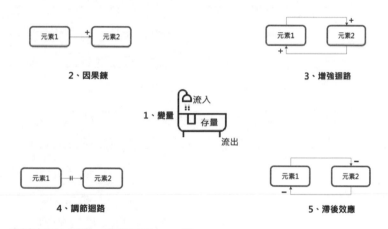

資料來源：劉潤，商業洞察力 30 講

1. 變量

　　想像一個先塞好塞子的浴缸。打開水龍頭放水，使得水量增加，而拿起塞子會讓水流走，讓水量減少。浴缸內水量變化就是變量，而水量多寡就是存量。

2. 因果鍊

　　串起元素和元素之間關係。就像喝咖啡會讓人精神好這件事，不是因為喝咖啡直接導致精神好，而是背後還有兩個元素：咖啡因及腺苷酸（adenosine）。

　　以系統論來理解「喝咖啡提神」這件事會如此陳述：大腦疲憊會產生「腺苷酸」，此物質和大腦內特定受體結合，會使人精神不振。咖啡中的咖啡因，藉由跟大腦中的腺苷酸受體結合，咖啡因與腺苷結構相似，會代替腺苷與受體結合，抑制腺苷酸釋放想睡覺的訊號，使得人們有精神。

　　思考問題不是直接看表面相關性，而是要看有沒有隱藏的元素在其中，不然會推論出喝咖啡直接使得精神好的錯覺。

3. 增強迴路

　　這道理類似臉書實際使用的人越多，能交朋友的對象也越多，越多認識朋友在裡面，越能吸引更多人使用臉書。

4. 調節迴路

　　當一個變化短時間內發生時，就會出現變量來抵抗變化。就像生態系昆蟲數量激增時，捕食昆蟲的鳥類因為食物供給變多，數量也會增加，鳥類捕食多，讓昆蟲數量下降。調節迴路

是抵抗變化用的。

5. 滯後效應

這跟用浴缸泡澡的道理類似。希望水熱一點時往紅色端扭去，得等一會兒出水才變熱，這個時間差就是滯後效應。很多計畫為什麼沒有效果，是因為沒把滯後效應的時間差算進去。

利用模型能找出特定情境下的前提條件，讓我們不被過往的有限經驗所綁架。例如選舉有候選人端出政策牛肉，強調減稅能帶動經濟。當我們用公式思維來看，可以得出「**政府收入＝稅率 X 所得水準**」，也就是所得大於減稅的百分比，政府收入才有辦法明顯提升。打選戰的競選支票都在一定特定條件下才能成立，而上述簡單的公式，就是以模型思維來觀察，就能找到提案背後的前提條件。

模型是基於嚴謹的前提條件做邏輯的推演，因此會有完全矛盾的格言，卻不會有完全對立的理論，因為前提條件完全不同。不少人因為義務教育的緣故，而遵循傳統的思考方式：一個問題對應一個單一答案。也就是一個問題用連連看的方式，對應單一個思維模型。

在《多模型思維》書中也提到跟臺灣教育場景很類似的

案例，像是基礎物理老師在講臺上解釋行進的公車突然無預警開車，車上站著的乘客身體會自然而然向後傾斜；公車煞車時乘客的身體會向前傾斜，這種現象對應牛頓第一運動定律。或是有上千年歷史的經典雞兔同籠問題，則用二元一次方程式來解，至於用多模型問題來思辨問題則不被允許。

我永遠記得有一題物理題目是：「怎麼用氣壓計來測定一座大廈的高度？」有學生說拿一捆繩子綁著氣壓計往下丟，去算繩子有多長便可知道。這種解法引起課堂上的笑聲，卻不是被答案紙上能被接受的方法。甚至在寫碩士論文時去解釋一個現象，也都用單一模型。

這邊想再強調，我沒有說經驗不重要，一人公司創業有豐富的經驗固然能如虎添翼，但多模型的抽象思考，是寫好企劃書的關鍵，也是身處多變局勢的一人公司，創業路上不可或缺的條件之一。寫提案／企劃很多人認為花最多時間的是蒐集資料、整理資料，實務上來說絕對不是，得標高手會把大部分時間拿來釐清真正的問題。

看到政府公告的需求說明，不會馬上照著上面一條需求對應一條解答，而是把需求說明看作不會說話的嬰兒在嚎啕大哭，高手會用很多辦法去確認嬰兒到底在哭什麼，可能是肚子餓、發燒不舒服還是要換尿布，一聽到哭聲會先確認，而不是

急著塞奶嘴。大部分寫企劃的入門者都急著塞奶嘴，而不是搞清楚到底發生了什麼事。

　　有豐富經驗不只是祝福，很多時候更是包袱。當我們看不清時局時，不妨把系統論從抽屜拿出來大膽用，光是找出表象背後的隱藏元素以及彼此的邏輯關係，就能超越很多只靠經驗累積卻歸納不好的前輩們。有大量實戰經驗非常好，然而善用經驗必須先學好歷史。歷史能幫助我們找到適合的案例，學到正確的教訓，而非博聞強記的背誦。

　　我們有能力認知到客戶沒有明說的需求，洞察社會趨勢暗流下隱藏的商機，把經驗中的隱性知識有條理地呈現在企劃文件內，全部都是系統思考。成語很常聽到「一葉知秋」、「見樹不見林」、「牽一髮而動全身」等等，都是古人對系統思考的觀察。

　　我認知到曾經接觸過的標案高手們，想事情一定有清楚、邏輯環環相扣的結構，善於抽象思考，把偷師的事實與萃取出的抽象概念進行升維度，然後進行降維打擊。寫出能讓人買單的提案企劃，在思考每一件事情的時候，會有思考成本、風險、機會的面向。

　　企劃寫得好，有賴於圖、表、文呈現得好，重要性是圖大於表，表大於文。其內容很常見的流程圖、矩陣圖、組織

圖、循環圖、文氏圖……等等，畫圖的行為可以算是「系統思考」的入門雛形，因為都有表達元素和元素之間的彼此關係。

▎系統論的侷限

面對商業問題，用系統論無疑是有效的，在面對複雜的市場時，系統思考給我們綜觀全局的概覽，可是針對一些有創意性的問題時，系統論的思考派不上用場，必須引用其他思考方式，可以統稱為「思維模型」（Mental Models）。

思維模型是我們用來理解和解釋世界的內在框架或概念。換句話説，思維模型是我們大腦中的一組假設和理論，幫助我們解釋事物的運作方式，並預測將來會發生什麼。思維模型可以基於我們的經驗、學習、文化背景等形成，並且影響我們的感知、決策和行為。

例如，供需模型是經濟學的一個思維模型，它解釋了價格是如何由供應和需求的相對變化來確定的；另一個例子是「帕雷托原則」（或 80/20 法則），這是一個認為大多數效果（80%）通常來自少數（20%）的原因的模型。

系統思考與思維模型的關係，系統思考是一種用來理解複雜系統和問題的方法，它強調整體之間的相互依賴和因果關係。系統思考本身就是一種思維模型，因為它提供了一個框

架，幫助我們理解和解釋複雜性，並預測系統的行為。

　　在系統思考中，我們使用各種工具和方法（例如因果迴路圖、系統動力學模型等）來視覺化和分析系統的結構和動力學。這些工具和方法本身，也可以被視為特定的思維模型，因為它們提供了一種特定的方式，來理解和解釋系統的運作。

　　當我們使用系統思考來理解和解決問題時，我們實際上是在應用一套特定的思維模型，這套模型強調整體的相互依賴和動態變化。這與其他更線性或靜態的思維模型形成對比，後者可能無法充分捕捉到複雜系統的特性和行為。

　　思維模型是我們理解世界的內在框架，而系統思考提供了一套強調相互依賴和動態的思維模型，幫助我們更好地理解和應對複雜的問題和系統。

　　然而系統思考也不是萬靈丹，它雖然提供全面分析的框架，但也明顯存在缺陷與侷限性。就像我們在思考服務建議書中「創意加值服務」章節，這方面系統論的作用有限。

　　首先，其模型可能過於簡化，忽略某些細節，導致解決方案不夠精確。其次，資料收集可能耗時且資源密集，特定資料難以取得，亦影響模型的準確性。

　　再來，系統思考的概念與工具，對初學者來說可能複雜難懂，學習曲線較陡峭。此外，實施改變時，可能遭遇組織內

外的阻力，尤其當解決方案需要長期投入與持續努力時。

最後，有效地將系統思考的洞見與結果，傳達給非專業人士或利益相關者，以促成實際改變，這件事非常艱難。

因此，系統思考可以作為一個整體的概覽，再與其他思維模型結合，以補充彼此的不足。或是跨領域以獲得多元的洞見和專業知識，很多狀況是在 A 領域是常識，但用在 B 領域就像火箭科技一般神奇，將一個領域的常識或技術，應用到另一個看似無關的領域，可以創造出新的價值，以及潛在的商業化可能性。

多模型思維的應用

系統思考是底層邏輯，當我們在做重要商業決策時，可以用查理・蒙格（Charlie Munger）的多模型思維。他是股神華倫・巴菲特的商業夥伴，也是一位非常成功的投資者和思考者。他提倡使用多學科的方法，來解決問題和做出決策，他認為要做出明智的決策，一個人需要掌握來自不同學科的基本模型，並且能夠將它們運用在各種不同的情境中，他稱這些基本模型為「心智模型」（Mental Models）。蒙格並沒有給出一個確定的一百種心智模型的清單，但他強調了多學科思維的重要性，並經常提到來自不同領域的模型。

　　多模型思維可以說是從各個領域借來綜合運用的思考方式，在《斜槓思考》一書中提到，因為害怕犯錯而什麼都不做，絕對是錯誤的輸家思維。如果不知道一件事情的正確作法，先確保出錯時不會摔得粉身碎骨，就大膽用試錯的方式試試看，做事情出錯是找出如何把事情做對的好方法。

　　就像暢銷漫畫《呆伯特》的作者史考特・亞當斯（Scott Adams）曾經分享過，他能成為報酬最高的演講者，就是從做得爛透了開始，直到摸清楚哪些行得通、哪些行不通。特別是當我們以錯誤的方式公開做事時，在現在網路發達的年代，總是會有一些知道該怎麼做才對的人跳出來說哪裡做錯了，更棒的是，這些人的意見很多還是「免費的」！

　　多模型思維在撰寫服務建議書的實際應用上，以我在構思標案的「創意加值服務」章節，最常使用一種名為「TRIZ40模型」，也稱作萃思學，是一種基於科技創新的問題解決方法論。它起源於蘇聯，是由發明家根里奇・阿奇舒勒（Genrich Altshuller）及其同事們在 1946 年左右開發。TRIZ 在俄語中是「**解決發明問題的理論**」（Teoriya Resheniya Izobretatelskikh Zadatch）的縮寫。

　　TRIZ 的核心理念，是對於大多數問題創新的解決方案已經存在。它建立在一個基本的前提上，即不同領域和行業的

創新問題和解決方案，可以透過抽象和改編來轉移和共享。
TRIZ 提供了一套結構化的方法和工具，來定義、分析和解決
這些問題。

　　TRIZ 包括多個工具和概念，其中一個最著名的是「40 個
發明原則（TRIZ40）」，這是一組用於解決技術矛盾的創新
策略。這些原則提供了一個框架，幫助工程師、設計師和發明
家找到在其他領域或行業已經解決類似問題的方法。

　　這邊舉兩個實際應用的例子，第一個例子以屋頂抓漏的
標案來說，可用 TRIZ40 個創新原則為：

1. 原則 1：分割

　　加值服務建議：提供「區域性漏水預防檢查」，專注於
常見的滲水區域，例如廁所、陽臺等，並為這些特定區域提供
定期的保養和檢查服務。

2. 原則 7：「巢式」多功能

　　加值服務建議：開發一個「智慧型漏水警報系統」，當
系統檢測到可能的滲水或漏水跡象時，自動通知業主和您的維
修團隊。

3. 原則 15：動態性

　　加值服務建議：提供「動態漏水保護方案」，根據建築物的年齡、使用情況和過去的維修紀錄，定期調整保養和檢查的頻率和範圍。

4. 原則 24：中介

　　加值服務建議：引入「保護塗層服務」，在容易滲水的區域，添加一層防水塗料或膜，作為一個中介層來防止水分滲入結構內部。

5. 原則 28：替代機械系統

　　加值服務建議：提供「DIY 漏水檢測工具包」給客戶，讓他們能夠在初步階段，自行檢查是否有滲水的跡象，並在需要專業幫助時，及時聯繫您的團隊。

6. 原則 31：孔隙材料

　　加值服務建議：提供「漏水修復與防護」的一站式服務，包括使用特殊材料來填補結構中的裂縫和孔洞，以防止未來的滲水。

7. 原則 35：參數變化

　　加值服務建議：提供「定制化防漏方案」，根據每個建築物的特定需求和問題，提供量身定制的防漏和維修方案。

　　第二個例子我們以政府機關拍攝形象影片來說，基於 TRIZ 的 40 個創新原則，探討以下幾種可能的創意加值服務：

1. 原則 2：取出

　　加值服務建議：提供「分類主題拍攝」服務，將一個大型的形象宣傳影片分解成多個小型的主題影片，每個影片專注於一個特定的主題或部門，以便更精確地傳達特定的信息或價值。

2. 原則 10：預先防範

　　加值服務建議：開發一個「危機管理影片包」，提前製作一系列處理可能的危機或爭議的影片，以便在需要時迅速發布，幫助政府機關及時、正確地傳達信息和立場。

3. 原則 17：另一個維度

　　加值服務建議：提供「360 度或 VR 體驗」，讓觀眾能夠透過虛擬現實（VR）技術，親身體驗政府機關的內部運作

和活動，增強互動和參與感。形象影片通常會利用視覺和聽覺的元素，提供一個多維度的體驗，使得訊息的傳達更為豐富和立體。而電子書則可以透過互動元素（例如點擊、滾動、動畫等），提供一個不同於紙本書的閱讀體驗。

4. 原則 25：自我服務

加值服務建議：創建一個「互動式影片平臺」，允許觀眾根據自己的興趣和需求，選擇不同的影片內容和路徑，提供更個性化的觀看體驗。

5. 原則 26：複製

加值服務建議：提供「動畫複製」服務，將現實中的政府官員或工作人員製作成動畫角色，透過動畫形式，以更輕鬆、有趣的方式傳達訊息或故事。

6. 原則 29：氣體和液體

加值服務建議：建立「流動故事」，透過連續的短片或故事板，將政府機關的各項服務和活動串聯起來，形成一個流動的敘事，增強故事的吸引力和凝聚力。

▎以系統論來看一人公司經營策略

　　依照系統思考一人公司的經營策略，我認為想入門標案的夥伴，目前還在累積整體品牌價值的跨領域專業，未來五年整體戰略很可能會長這樣，你可以直接拿去用：

一人公司品牌價值

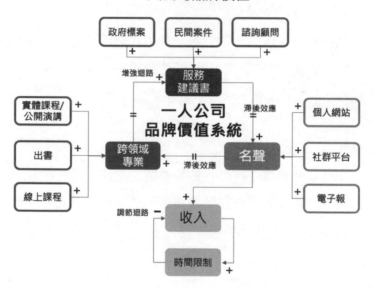

圖片來源：李承殷製；架構來自劉潤《商樂洞察力 30 講》、《內容電力公司：用好內容玩出大事業》、于為暢《完全訂閱制》

　　整體品牌價值系統由「持續撰寫服務建議書」、「跨領域專業」及「名聲」構成。由於完整交付案子通常都有一定程

度的專業能力，屬於專家身分，而標案服務建議書越寫越好來自「跨領域專業」持續加乘外，在民間以專家的角度寫書或開課，是增強企劃書的重要手段。

　　好的服務建議書讓「名聲」又更好外，在網路時代，呈現專家形象還是得適度經營網站與社群平臺，尤其電子報是不會退流行的方法。名聲加持使得「跨領域專業」更精進，從政府標案順利結案，承接民間案子，以專家身分擔任諮詢顧問的角色，又讓專業得以增強，讓專業又能對寫出好的服務建議書有加乘效果，以此推動品牌系統飛輪轉動循環不已。

　　學好系統思考，得標會輕鬆許多，思考時不會被海量的事實資訊所蒙蔽，而是用公式思維來想完整性。我自己歸納出來的標案中的信任原則，用公式思維來呈現是：

機關單位與外部評審的信任＝

（感覺長期經營的印象＋內容完整性＋提案攻擊性）Ｘ關鍵人物

　　上頁這份一人公司品牌價值系統圖，就是從該公式推導出來的。如果把社會當成一個系統的話，趨勢變遷就是關聯性的改變，進而造成能量流動的方式改變，所以系統會往不同的地方去。系統論是西方思考方式的底層基礎，可以用系統論洞察趨勢找出自己能夠先占據的點，做好面對未來的準備。

提案 / 企劃光譜：做生意的必備技能

▍提案企劃是什麼？

　　當別人有問題時，我們覺得符合短中長期利益而去解決，這其實就算是做生意，是個價值交換的過程。我們洞察出明確市場需求，因而動用知識、資源、人脈、工具設備，打造產品與服務去滿足這群特定人士，從中得到我們想要的，可能是錢或是某種機會，甚至是很抽象的意義，像是加入賽局的籌碼。

　　我們從中得到的不一定是錢，解決問題幫助人們時也幫到自己，具備一定的商業價值。能產生商業價值，不一定指涉直接賺到錢，也可能是占據市場先機，比如讓他人認知到我們有寫企劃的能力，是未來能擔任參謀或參與某個專案的角色，這也是某種能力證明，讓老闆對自己的印象深刻，打造個人品牌、職場品牌很常見的方式。

　　依據日本企劃專家高橋憲行的分類法，在解決問題時很常聽到靈感創意、提案、企劃、計畫、操作手冊這類詞彙，似乎都跟寫論文差不多。看似都要寫很多字、畫一堆圖表，可是作用大不相同。一般來說，論文是探索知識的邊界，把人類知

識某個非常小的領域邊緣再往前推進一點，不涉及直接解決問題及商業用途。

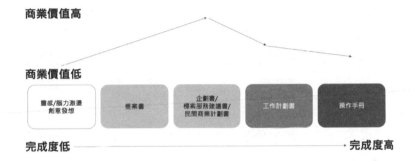

完成度

　　從意識到問題存在，提出解決方案的整體完成度來觀察，靈光一閃的創意算是剛出生的寶寶，企劃的碎片型態還不成完整的體系。

　　提案書是大方向，很多民間企業光看提案書就能拿下案子。提案可能只有不到 10 頁簡報，裡面都在闡述策略，很少執行細節。

　　所謂的企劃書、政府標案服務建議書以及民間的商業計畫書，一定包含提案在裡頭，裡面會詳細列執行的每個步驟，解釋事情的結構以及辨識真正問題的過程，因為還在說服客戶專案，尚未開始執行，因此還保有極大的不確定性。

工作計畫書是已經拿下案子了（民間所謂的商業計畫書不是這個階段，是企劃書階段，這種日常詞彙很容易搞混），所有具體條件都弄清楚明白開始動工，內容都在講非常明確的執行步驟，以及討論過程中會遇到的問題。

操作手冊是案子已經完成，在一定範圍內所有問題都徹底解決了，一切事情都上軌道，在設想條件範圍內都不會有例外狀況發生。

就像安裝電視的操作手冊，安裝程序會碰到的問題，已經被窮盡認知到，如果安裝步驟卡住，就是翻手冊 Q & A 的部分，合格的操作手冊一定會有解答。

商業價值

從能產生商業價值高低的角度來看，靈感是有個破碎模糊的想法，但還不知道誰會掏錢買單，也不知道能幹嘛。愛迪生發明留聲機就是最好的例子，留聲機的誕生，不是因為看到某個需求，而是因為他就是有能力做得出來，還得開會腦力激盪，討論留聲機到底能幹嘛。靈感創意就是單純個想法，還得想辦法讓它變得有用。

提案是指出未來努力的具體方向，能被人們尚可接受，只是不涉及具體步驟，對問題的了解也不夠完整。

　　企劃書是發現了真正的問題，也確實洞察到有一群人願意為了某個產品服務買單，或是被決策鏈的上級認可，有該問題的存在，市場需求明確，只是要想出各種方法來解決。有鑑於花時間與精力發現了問題，又從問題當中看到機會，儘管有不確定性，但客戶能得到的價值是肯定的，這商業化的可能性最大。商業價值最高的莫過於企劃書、政府標案的服務建議書以及補助款申請書。

　　工作計畫書和操作手冊就幾乎沒有未知的問題了，單純執行層面。由於不確定性降低，也不需額外想解決策略，商業價值也就沒那麼高。

　　因此，稍微統整一下提案和企劃的區別：

- 　提案是將創意階段聚焦，提出解決方向。
- 　**企劃是把提案寫得更具體，列出具體解決方法和執行內容。**

　　關於企劃書的價值與價格有一點要釐清：價格不是說不重要，CP 值高、物美價廉本身是個假議題，因為世界上沒有這種東西，也沒有必要。有品質就一定要付出相應的代價，也可以說是等價交換。天下沒有白吃的午餐，只談價格是不可能共好的。

提案、企畫書、計畫書分類表

階段	項目	常見呈現方式
思考	創意、靈光乍現	口頭說明，甚至寫在餐巾紙上，思緒尚未有系統，市場需求不明確，沒有具體作法。
確認方向	提案書（proposal）	數頁簡報，或是幾張 A4 紙上條列式建議。
具體化	企劃書（plan）	可說是更具體的提案書，包含市場調查，問題分析，明確的執行步驟及預期效應，用大量圖、表、文展現，因此印出來有分量，對事情的掌握程度具有一定程度的不確定性，政府標案的服務建議書屬於此類。
執行面	計畫書、操作手冊	不針對市場需求再做確認，偏重執行細節，對事情的不確定性降到最低。

資料來源：高橋憲行

　　有真正經營品牌心態的人，是不會安於現狀的，我們總是能找得到真正的問題去優化，特別是對滿足客戶和獲得合理利潤這兩者之間的平衡，會感到無比狂熱，永遠不會滿足的，永遠會冒出有價值的新問題等著我們去解決，並從中賺到錢。

　　因此，合理的利潤會隨著每年的通貨膨脹而增加，產品／服務每年一漲是非常正常的，越來越便宜則是在葬送自己的未

來，一味降價絕對不是在經營品牌，而是提早為自己和家人挖墳墓。沒有足夠的利潤，我們就沒法持續精進、把客戶服務得更好，更無法回饋社會。

從價值角度出發，也能解釋為什麼提案／企劃不便宜。提案／企劃跟下棋沒兩樣，局勢的改變、機關的痛點、評審的喜好、對手會出什麼招（品牌形象還沒建立完成的狀況下）等，都是隨著時間推移而有大幅度變動，這些變化我們不可能僅用一招亢龍有悔就想打天下。

下棋也是一樣道理，儘管開局很類似，可是只要走幾步後就全變了調。看起來相似的需求，每年的政治、經濟環境、民意走向、長官換人、不同一批評審，都會讓結果大相逕庭，變動的環境讓一招走遍天下的神話破滅。

面對類似需求的客戶進行提案企劃，不可能僅僅換個流程圖、甘特圖就交到客戶手上，這跟打牌道理相同，不可能一直出同一張牌就贏，除非開掛，不然世界上沒有這種牌局。當然有一定機率的開掛方法，那就是掌握企劃的底層思維，並建立企業品牌，才能立於不敗之地。

簡言之，有問題要被解決的地方，就需要提案／企劃，職場上勤寫提案／企劃總結思想是累積專業，訓練洞察力的基礎，也是在工作場域建立職場品牌的重要手段。

寫好企劃的前提：問對問題以及想事情的完整性

入門者想到要開始寫企劃，就會用一般流程依序動筆寫：

- 步驟一：資訊、資料蒐集分析。
- 步驟二：描述現況問題。
- 步驟三：策略發想。
- 步驟四：架構擬定。
- 步驟五：內容撰寫。
- 步驟六：整體內容呈現。

這一連串步驟都沒有毛病，然而現實是，入門者真的照著做通常有災難性的後果，不是要打掉重練，就是熬夜大修改也修不好，因為完全問錯了問題，也沒先確定能提供給客戶什麼具體價值。

▎問對問題，提煉價值

寫好企劃的第一步是要問對問題，從看似複雜的大問題，拆解成一個個小問題，從問題看到事情最基本的元素，這有賴於「第一性原理」的發揮。

「第一性原理」指涉事情最基本的元素，就跟前面講的系統論一樣，分析事情都要先回歸最原始，無法再被分割的單位。這概念最早文字紀錄是古希臘哲學家亞里斯多德講的，基本元素無法被省略及刪除，討論事情一定得從這些思考起。這例子類似樂高積木，無論多複雜的模型，一定都由一塊塊積木組合而成。

動筆寫企劃前，一定要先把事情拆成一塊塊積木，從基本元素去看真正的問題，才能推導出客戶最在乎的價值。盤點出自身優勢對客戶能產生的「價值」。

價值＝我們很難被取代優勢（先天條件＋後天培養的跨領域專業＋個人特質的總和），可以有效幫助客戶什麼事。

用口語化來填空照樣造句：「某性質」公司為了「某個目的」，我們有「做什麼事」能力完成。

「某個目的」類似於闡述價值。

「做什麼事」指涉能力、個人特質與天生不平等優勢。

這邊用應徵工作舉個例子：一位想應徵針對歐美公司打跨海訴訟的律師事務所中翻英翻譯人員，工作描述乍看之下是單純的翻譯文件，應徵者僅強調自己的翻譯經驗豐富，托福、雅思都是滿分也沒有用，因為沒有講出價值。

依據《價值主張年代》中提及的一個案例，會翻譯法律

文件的「價值」是什麼？目的是打贏官司，而翻譯法律文件是一種能打贏官司的手段，也就是說：

- **雇主**：法律律師事務所
- **應徵者的關鍵能力**：懂法律，具備語言能力翻譯文件，產生說服力的文案力
- **價值**：產生有說服力的文件，協助打贏官司（關乎公司要解決問題的目的）

一旦找到一塊塊的積木，從這些元素中確認真正的問題，並且重新擬定問題，確認真正問題，找到對客戶最重要的價值後，再動筆草擬企劃書。

有提案／企劃的需求表示有問題要解決，通常問題看起來都很大，卻有辦法拆解成小問題，從小問題回推串連成表面的大問題。大問題的背後才是痛點的存在，任何提案／企劃一開頭，便是圍繞著對方困擾的問題下手，也是能提起興趣的關鍵動作。痛點的背景描述不是不重要，而是先講背景很容易讓時間有限的客戶抓不到重點，接下來也就沒有要聽下去了。

從對方最在意的問題開始，這個問題也只能由提案／企劃人來抓，也是專業所在。客戶只能意識到有問題卻無法說明清楚，很多時候是零碎、聽起來似乎無甚相關的斷言抱怨，身為企劃人要把這些聽起來雜亂無章的抱怨，整理成對方在意的痛

點，並清楚描述出來，這就是提案／企劃的重要價值之一：**釐清真正的問題**。

　　例如公司承接某個單位的案子，之前一直有收到機關的抱怨某些環節執行不力。以前都聽聽抱怨就過去了，這次的情境發生改變，發出去的公開文案被民間炎上，引發了一系列的公關危機，日積月累小抱怨的加乘效果，有了更嚴重的後果，最可怕的是日後被列入黑名單。

　　因此針對這麼嚴重的結果，就必須倒推回發生的原因。這句話似乎是幹話，我們回想當在職場上碰到問題的時候，不是被要求指責某個人的錯（很多時候被要求我們被迫背黑鍋，一切都是我們不對），就是趕快找個最簡單的方式處理，跟頭痛吃止痛藥先不痛一樣，問題看不見了，似乎就被解決了。

　　問題真的很煩人，尤其工作已經夠忙的狀況下，又被大小通訊軟體訊息追殺。可是我們要認知到，問題不是浪費時間的 Line 訊息或會議室內老闆的咆嘯這麼簡單，問題像水面冒泡般浮現是個開端，一個改變讓我們離理想狀態更近的起始點，順藤摸瓜找到答案，甚至潛藏巨大機會的門票。

　　既然理智上我們都知道問題的重要性，為什麼實際工作中卻照舊只想找到解決方案呢？方向錯了，一切都不對，對解決問題沒有貢獻。這就跟網路笑話一樣，一名醉漢嚷嚷要找鑰

匙，卻只在路燈下找，原因是路燈下有光才看得到。目標方向都不符合需求，做再多努力也是枉然。

沒聽懂客戶的問題更是麻煩，頭痛醫頭、腳痛醫腳，一個問題解決了，卻造成另外的問題發生，而非直達源頭一勞永逸。問題本身就是環環相扣的，很有可能到最後才恍然大悟，原來面對這麼多小問題，根本都不是真正的關鍵核心，不僅浪費了寶貴時間，連創業的資本都打水漂，沒有達到理相的預期效益。

想再次強調，當開始準備提案／企劃時，無論多緊急，事情有多紊亂、讓人煩躁，都得優先搞清楚真正問題的重要性。因此當客戶長期受到你的內容吸引，主動找上你時，不是先銷售自家產品服務有多棒，而是詢問對方的需求是什麼，並從言談中整理出數個大類情境描述給客戶使之有感。

從對方的邀約整理出需求很類似聊天，只是從中注意，對方希望提案／企劃想解決什麼問題，通常客戶只能講出零碎的症狀，對方想從提案／企劃中獲得什麼好處，預期效應可以描述成一個畫面或狀態，對方腦海中理想的畫面是什麼。

釐清真正問題的同時，真正迫切要被解決的是什麼，對方在這類問題扮演什麼角色，要注意對方是否是真正的決策者很重要，在處理提案與被提案者雙方認知的落差是關鍵。至於

怎麼主動挖掘真正的問題，這得養成連續問好幾個為什麼的習慣。在職場上不可能直接問出「為什麼」，畢竟在臺灣社會有冒犯人的語境在其中，反而要透過第三人稱去問為什麼。

▌完整性

　　當我們把事情拆成一個個元素來觀察真正的問題是什麼時，會碰到一個大問題：想問題的層面不夠完整，把事情想全有賴於「M.E.C.E.」這門學問，通常能先用九宮格的5W3H，搭配列出事情的前提條件，能給客戶的價值、成本、風險，以及未來能帶來什麼機會來下手思考。

Why	What	Who
When	問題	Where
How	How much	How often

再來是整件事列出前提條件，價值、成本、風險與未來機會。

　　「M.E.C.E.」 指 涉 Mutually Exclusive Collectively Exhaustive，意思是完全窮盡，且相互獨立沒有衝突，每個討論元素不重疊。

　　就像我們去市場買菜，買了馬鈴薯、蘿蔔、蘋果、橘子、雞蛋和牛奶六樣食材，這些物品該怎麼分類呢？如果用烹飪的

順序分開胃菜、主菜和甜點一定是不合的，光是馬鈴薯主菜能用，甜點也一樣可用，這就不符合相互獨立也不完全窮盡的法則。

最基本的方法是分成蔬菜、水果與奶蛋品三大類，依序置入分類中。這僅僅是最簡單的例子，通常在實際上容易搞混的，會是抽象思考事情發生的原因，這就需要大量刻意練習。

刻意練習入門的方式，可以用現存「公式」來協助思考，例如討論利潤下降的成因，就先用「利潤＝銷售額－成本」這個基本公式來當切入點，從中把元素再細分變成邏輯樹狀來繼續窮盡。

問題都是動態且複雜的，觀察環境因果的互動關係，而非線段式的因果關係，一連串的變化過程，而非片段、一幕幕的個別事件。最顯而易見的解決方案通常沒有用，短期或許能有所改善，但長期而言會讓事情惡化。

這也是強調系統思考的原因，顯示小而專注的行動，如果用對地方，能夠產生大而持久的影響，這叫做「槓桿」（leverage）。處理難題的關鍵在於看出槓桿的所在，也就是以小小的改變去引起持續而重大的改善。

找出最省力氣的高槓桿解，對系統中每一個人都不容易，畢竟在問題產生和徵兆出現之前，這兩者是會有明顯時間差。

想要讓人生開掛，就要找到槓桿解，其路徑是透過問對一連串對的問題開始。

就像學者 Buckminster Fuller 對槓桿解有個有趣的比喻：航海的輔助舵，其功能是讓舵轉動更為容易，船也會更加靈活，船越大越需要輔助舵，因為四周大量的水流，讓舵轉動更為困難。輔助舵來比喻槓桿的精妙之處，在於不僅是效益，而是以小體積來產生重大影響。

輔助舵對郵輪這種龐然大物有著重要的影響，當被轉成某個方向，圍繞水流被壓縮，讓舵產生壓力差，把舵吸向重要的方向。

拆專業為圖 > 表 > 文

▌圖表文對提案／企劃的重要性

　　傳統的提案企劃是以「圖、表、文」的形式影響他人行為的方法，目的最理想的狀態，是讓對方心甘情願接受我們的想法，照著我們的意思做，幫助別人解決真正的問題，同時我們也獲得合理的報酬，報酬不一定是錢，可能是商機或換到我們想要的資源。

　　由於科技與日俱進，傳統的圖、表、文已經不夠，現在加上影片、播放帶動氣氛的音樂（設計案很注重提案的氣氛），以後甚至以 VR 的型式呈現。然而萬變不離其宗，最基礎的還是得把腦海中的想法先用口頭講出來，化為整理過的文字，輔助表格和一目了然的圖像說明，總之，一目了然最重要。

　　人是視覺動物，這道理猶如談論到美女都本能地想看一眼，直接用眼睛看女生到底有多漂亮，在那邊言不及意羅列三圍、體重數字，用一堆華麗的詞藻包裝，都比不上直接看一眼照片帶來的視覺衝擊。

▍把「專業」想像成一本書，拆書為圖、表、文

對於把專業轉換成圖、表、文這件事，想從事標案的五金行老闆曾經來諮詢過我：「想要寫提案，開啟 word 看著一片空白的螢幕，感覺壓力大到想跳樓。」

剪輯影片的創業家也直言：「直接叫我做事很行，但寫文件根本要了我的命。」

寫出及格的提案 / 企劃文件，到底要怎麼完成呢？光是想到第一步就頭大。

覺得那些能掰這麼多字的人很厲害，其實有跡可循，自身獨特的專業經驗就像一本書，是可以拆解後重新排列組合，變成符合客戶真正需求的各種提案 / 企劃。

這邊我請你先想像專業這抽象概念是一本書，一本書的內容組成要素，可拆解成「問題＋架構＋論點＋論證」，其中論證占據百分之八十，這八成的內容很多還是一個個小故事構成，重點在目錄、序、前兩章與結論。

自身專業跟書的構成非常類似，專業就是為了解決某個問題，看似很龐雜卻一定能用簡單一句話講出來。問題是一切的核心，專業是解決問題的手段，如同門（問題）對應到鑰匙（解決方法）的關係。一本書會出版，除了是作者抒發心情外，大部分都是為了要解決某個問題而存在。

　　面對問題一定有解決方法的架構和論點，解決某個領域
問題的專業，也一定能歸納出經驗法則，講出一套方法論。

　　對問題的描述，不用想得很複雜，我們不妨借用內容農
場、標題黨的結構來簡單陳述問題，其結構是如何透過專業中
某個方法關鍵字，來讓客戶願意花錢得到什麼特定的好處。簡
單舉例：

　　「如何透過拍攝微電影提升國際遊客『心占率』，願意
不斷造訪臺灣？」、「怎麼樣藉由整合行銷方法打造地方產業
品牌？」、「如何用 AI 幫天生內向的人找到靈魂伴侶？」、
「如何跟網紅學到職場生存術？」

　　如果觀察自身專業，基本上都可大概拆分成態度、知識、
技能三個層面。以整合行銷這門專業舉例，態度是在乎客戶的
敬業精神；知識的核心可能是抓需求的能力，或是沒那麼專
業，可是很懂在地，這也是相對優勢；技能是把數位行銷與線
下實體活動辦到位。

　　有了核心問題以及盤點自身專業的態度、技術、方法，
就能用「人、事、時、地、物匹配價值」表，來填入一些關
鍵重點。

　　以抓蛇這個有趣的專業為例，這項技能感覺有一定的專
業程度，但是要怎麼呈現呢？可以先從以下表格工具開始，在

空格中先填入幾個簡單的關鍵字或句子。

　　提案企劃的圖、表、文是具有商業價值的，也就是每個段落都是組成人們為了得到好處願意掏錢購買的原因。為了防止沒扣住主題，每個項目去想自身優勢，匹配客戶能得到的好處（價值的極度簡化說法，會比較好懂）。

　　首先這個表格有兩個前提：

1. **鋪陳緣由，確定價值**：某個專業會開出需求讓人有錢賺，一定有原因，這是鋪陳緣由，很可能是價值所在，之後的條件是扣緊客戶能得到什麼好處。

2. **列出該專業做事的原則**：做事情一定有原則甚至規章，遵守該行業的哪些規範或法條，是呈現專業度的部分。

　　這個表格內的關鍵字句，是要提醒之後在闡述人、事、時、地、物的初步規劃時，從自身獨特優勢能帶給別人的好處，才不會寫出偏離需求的大方向。

人、事、時、地、物匹配價值表

項目	客戶需求	自身優勢 （態度、知識、技能切入）	價值： 客戶能得到的好處
人	• 團隊理念 • 為什麼我們適合擔任抓蛇工作	• 比消防隊有經驗 • 熟悉在地事務	• 讓消防能專心做消防的事情 • 幫助在地就業
事	• 在某個行政區域內抓蛇 • 做事風險怎麼轉嫁 • 擁有品質管理	• 依據規範，按照標準流程做事 • 在地廠商，能最快抵達現場 • 自有裝備	• 有效率又有品質 • 不違法
時	檢核點，什麼時候該完成什麼事	在什麼時間點做什麼事	公務員可以準時付款
地	某個行政區內，含地域關係	熟悉在地關係	事情比較好處理
物	抓蛇設備清單	裝備完整	知道專業程度

　　而且現在 AI 越來越發達，可用來產生多種文案段落，讓自己有靈感，例如直接打字問 AI：

你會如何寫一個課程的行銷企劃？可以舉例說明嗎？

首先，我會確定我們的課程的目標受眾，並且瞭解他們的需求和期望。接著，我會撰寫一個獨特的課程大綱，讓我們的課程能夠滿足受眾的需求。

接下來，我會設計一個有吸引力的宣傳品，包括課程海報、報名表格、網站等，並且採取多種行銷管道，例如社交媒體、廣告、報紙、電視等，以吸引受眾報名參加課程。

在課程開始前，我會與學員進行溝通，確保他們對課程有足夠的了解，並且提供他們所需的資訊和設備。在課程期間，我會定期與學員溝通，確保他們的學習需求得到滿足。

在課程結束後，我會收集學員的反饋意見，並且不斷改進課程內容和設計，以提高課程的質量和吸引力。

舉例來說，假設我們要行銷一個面向初學者的英文會話課程，我們的目標受眾是有意願學習英文會話的初學者。我們的課程大綱包括基礎的英文會話知識和技術……

　　以上是用 Open AI 的真實回應，我就曾經用這段文字，改寫成我要闡述教育訓練的段落。

　　用圖像思考的人，可以直接抽出專業關鍵字圖示，用方塊和箭頭指引方向。文章由詞彙構成，之後整合表與文字變成架構圖，圖示則由簡單的箭頭、線條、圖形組成。這方面的學問，可以參考「**圖像思考**」關鍵字，網路上太多這種範例非常好找，這邊就不一一展開。

知識複利：服務建議書知識萃取後的額外商機

把自己的專業以企劃形象呈現，變得很有必要。由於階級僵化等複雜因素交雜，導致年輕人存錢很困難，更遑論階級向上攀升了了，然而有了便捷的網路，讓階級翻轉有了一絲曙光。在臺灣，只要存在知識落差，就有辦法做生意，有了能固定上網的電腦，便能在世界的某個角落開門開始做生意。

無論你現階段自認為有沒有專業，就算腦袋想破頭也想不出來，前提是不涉及商業機密，把平常討生活的工作寫出來、錄音下來、拍影片講一遍，就是所有賺知識落差商機的第一步。

現代資訊時代有個明顯的特徵，要賺錢的任何專業都會產生文件，文件經過處理後，對其他入門者來說是能夠賣錢的。當然這邊不是指公司的商業機密，而是經過你整理、完全用你的話講出來的 know-how，這就是從古到今最夯的祕密：知識萃取。

知識萃取得好，是有辦法還原過去那些大神把事情做成後集結的攻略，萃取得好是有辦法複製的，這非常困難，但是效

益極大，做得好的話，可以用很少的成本，達到中樂透二獎的效果（二獎好歹也有千萬臺幣，很不錯好嗎！），很多人檯面上的第一桶金或是捧到現在的鐵飯碗，都是知識萃取的結果。

　　能一直賺錢的小公司有千百種樣貌，卻都有相同特點：**把 know-how 持續優化轉換成商品與服務**，這是價值轉換的第一步。如果沒有錢請人幫忙做這塊，就只得捲起袖子打開 word、keynote 等軟體自行操刀。這本書的用意，也是協助耕耘小眾生意、打造堅強品牌的你跨出第一步。

　　打算從一般上班受薪階級轉職成立公司做小眾生意，或是現在正在創業中，把想法轉化成圖、表、文、影音形式是必經的過程，就跟算成本、看懂財務三報表一樣，是跑不掉的基本功。認為自身沒什麼專業，就把平時公司或是找工作的經驗寫下來，大方公開發表，再三強調是不涉及保密協定與商業機密。

　　任何大哉問都是一連串的小問題構成。心裡覺得「這不是很基本嗎？」不用擔心，一定還是有人不懂。打個最簡單的比方，一聽到「財富自由」這四個字，想必很多人覺得是詐騙，但要說出財富自由的定義是什麼，也就是「不用工作帶來的被動收入，大於日常生活開銷」這個基本概念，到現在還是有不少人講不出來，講不出來的這些人，我接觸到的都有大學

畢業，也不是後段班。

　　我只想強調，我們不能用理所當然去想像別人也知道這件事，很多專業的基礎知識對自己行內是幼幼班等級，對其他領域來説，卻根本如同火箭科技般神祕。

　　再舉一個例子，光是遇到不懂的事情就去 Google 關鍵字這件事，不要以為是老年人不懂的 3C 產品才不會，當今社會還是很多年紀 30 歲以下的年輕人，不會用關鍵字查詢生活大小事，越來越多人用影片來碎片化理解世界。

　　還有那種實務經驗很強的師傅、在地業務，遇到事情也只能問身邊幾位同樣生活圈的人該怎麼辦，他們真的不知道網路上有答案。我只想強調，光是現在看似理所當然的事情，在這麼小的臺灣都有巨大的差距，現在拜網路科技所賜，僅有些微知識落差，就有辦法轉換成商機。

　　拜網路科技發達之故，現在只要有知識的落差，哪怕是詞語的精確定義，包含背後的觀念不同，就都是商機。為了這種看似微不足道的知識落差，一定會有人買單，我們只需要多花點力氣找出來而已。

　　至於知識落差要怎麼賺錢？最基本的方式，就是產生符合邏輯陳述的文件，從文字到表格再到圖示，圖、表、文混合而成的企劃形式。無論圖表多精美，裡面的邏輯還是得從文字

寫出來。就算要錄影成 YouTube 影片，還是得有腳本，一切還是跑不掉最原始的形式：文字。

　　知識落差類似跟親朋好友分享旅行經驗，去旅行時總會碰到好吃好玩的地方，卻也一定有不少地雷餐廳與品質低下的景點，光是把地雷有系統地分享出來，就能造福人群，經營得好，還能收取合理報酬賺到利潤，累積第一桶金，投資下一步。也很類似爬 101 大樓挑戰賽，就算只爬到 10 樓，一定有更多人在入口猶豫要不要往上爬。

　　這時候，你的經驗就能協助從入口到 9 樓的人，有整理過的系統性經驗，只要找到適合的買家絕對能變現，網路讓知識落差有更多真正能幫助別人的商機。

第四章
政府標案服務建議書

何謂政府採購案及類別

政府標案到底是什麼？為什麼要有政府要公開招標？

簡單一句話：「事情讓『專業的』來。」一個國家每年都有大大小小的事情要解決，需要大量的專業人士協助處理。

讓專業的來這句話沒毛病，可是專業就有相對應的市場價格，而且還所費不貲，政府的財政不可能養這麼多專業的人員，不只要付專業的錢，還得想辦法讓這群人有公務員福利和退休保障，怎麼想都不划算，CP 值太低。要怎麼每年固定做一堆事既省錢又省力呢？**靠外包**。政府委託民間的專業，以標案流程的形式，讓專業的來。

我們要知道，跟政府提案的核心精神就兩個字：「省錢」！最好只用一個銅板就能吃到米其林牛排的那種。至於怎麼省？「理論上」政府必須依照法律辦事，《政府採購法》就是跟政府提案做生意的法源依據，如果你想知道怎麼省錢，有空多讀讀採購法，全部法條都圍繞兩個字轉：「**省錢**」（潛臺詞是，出事了政府不用負責）。

除了省錢的目的之外，再來是政府要發揮的職能：提供

穩定的社會環境，讓人民安居樂業。穩定的社會環境其中一種作法，就是讓人民不能太窮，要給予機會人人有錢賺，最理想的狀態是創造一個能持續擴大的市場，財富不要過度集中於少數人手上，讓每個參與者都有機會大口喝酒、大口吃肉，這也是標案的隱藏目的。

　　一旦扯到花錢這件事，可以分成總體和個體來觀察。臺灣整體社會氛圍讚揚節儉，傳統自認為節省才能累積財富，有本錢面對風險或投資未來，是一種純粹的美德。這邏輯以個人來說是正確無誤的，但以總體市場來說，節省可不是一件好事。

　　以總體經濟的角度來看，政府「適度地」亂花錢並不是壞事，政府要是跟個人一樣省吃儉用才可怕。個人節儉是美德，但是在人民的監督下，政府則是要花錢花得「漂亮」，最好讓人人都吃飽外，連新加入的參與者就算沒法吃到肉，也能喝口熱騰騰的肉湯，最終把市場整塊餅越做越大，讓更多人都吃得到肉。

　　當人民的荷包賺錢了，政府也就有機會徵收更多稅，建構社會安全網，搞福利、弄建設、加強國防，讓臺灣穩健成長更安定、更安全。可以說政府以標案形式委託民間各路人馬，讓專業有發揮的餘地，也希望花錢有效果，這是政府標案的核心精神。

簡言之，政府用標案來委託民間專業，有三個重要目的：

第一、政府想省錢，藉由外包的機會，讓專業的人來。

第二、政府間接灑鈔票讓民間一直有錢賺，民間公司、非營利組織從標案中賺到一定的利潤，持續投資自身專業，讓市場變得更大、刺激經濟，讓更多人賺更多錢。

第三，讓政府增加稅收，讓社會更正向發展，也增強國家安全。

政府外包專業，藉由標案流程來解決每年大大小小的事，用省錢的角度來外包專業，怎麼花錢也是一種專業。

有一個非常基本的觀念，人們很常忘記：政府的工作是維持社會穩定，不是賺錢，賺錢是民間公司的事情。政府是要省錢來維持穩定與安全，而維持這件事就是「花錢」。

接下來要講的辦事邏輯很重要，政府要維持社會環境穩定、降低風險，因此評價政府公務員的績效，不像我們一般勞工去公司上班是幫老闆賺錢，公務員是要在符合法規和行政程序的前提下，必須在一定時間內「把錢花光」，這跟我們工作的邏輯大相逕庭。

符合程序把錢花光，是做標案的底層邏輯，公務員被要求在範圍內把錢花出去，可是大部分勞工都是賺錢思維，很容易搞混為什麼政府長官會做出看似奇怪的決策，原因是因為政

府不是來賺錢的,而是要把錢花出去的。

花錢的邏輯會導致底下一連串的決策,讓一般勞工認為政府總是亂花錢,可是從總體經濟的角度來說,有監督的狀況下,給本國人民適度的大撒幣,是值得鼓勵的。

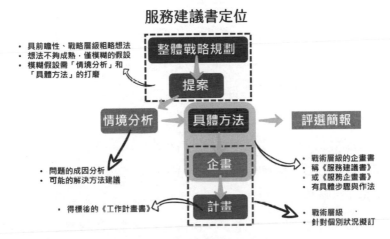

服務建議書定位

- 具前瞻性、戰略層級粗略想法
- 想法不夠成熟,僅模糊的假設
- 模糊假設需「情境分析」和「具體方法」的打磨

整體戰略規劃

提案

情境分析 → 具體方法 → 評選簡報

- 問題的成因分析
- 可能的解決方法建議

企畫

計畫

- 戰術層級的企畫書
- 稱《服務建議書》
- 或《服務企畫書》
- 有具體步驟與作法

- 得標後的《工作計畫書》

- 戰術層級
- 針對個別狀況擬訂

資料來源:李承殷繪圖,架構參考高橋憲行的分類

花錢花得漂亮是一種藝術。政府要花得讓人民感覺繳的稅沒白花(理論上),就得先做前期調查,以及在立法院預算的分配,這屬於戰略層級。

至於外包專的標案,由於牽涉到固定的經費,因此在整體大戰略底下,屬於戰術層級,很多事情是要配合各種大計畫,標案開出來有些窒礙難行或沒有達到效果,表示在前期研

究功課的方向與現實有一定的落差,或是發包的機關簽辦的方式有關係。

至於政府怎麼漂亮地大撒幣?可分為三個大類別:

1. **工程**:土木、改建、新建、環境、交通、機械、化工……等等。

2. **財物**:各種物品、設備、不動產、動產……等等。

3. **勞務**:只要出腦力和出力的都算。

如果有的標案是混合型態,難以分類成其中一種,就以預算占比最多的當作該類別。

那麼工程、財物、勞務三種標案,是怎麼被民間知道的呢?以前沒有網路的時代,靠著紙本的採購公告。古早的採購公告,不會告訴你機關需要什麼,只透露案名、聯絡方式和預算金額,要知道確切需求,得親自跑一趟機關現場購買。

意思是如果人在臺北,想要知道屏東的案子,就得親自開車前往屏東的該機關,花錢買紙本需求說明書回來研讀,寫完企劃書後,又得千里迢迢跑到屏東投標。

這麼麻煩的行政流程,加上企劃書等同於各家公司的商業機密,也就造成了高門檻,過往投入跟政府做生意的資訊/知識落差很大,完全沒有經驗的除非找對人,不然很難對行業探聽出什麼,企劃書怎麼下手都不知道。

　　網路不發達的時代，跟政府提案的服務建議書練成，就像是師徒制一樣，師傅不願意教，徒弟偷學後也不太外傳，導致跟政府提案這件事顯得高深莫測，現在老一派的表達方式，也奠基在網路不發達的寫法。

　　有鑑於網路發達，進入資訊時代，很多資料越來越公開，隨之而來的是碎片化，只知其然不知其所以然，很多似是而非的碎片訊息，在網路上流傳著。我們要怎麼開始跟政府做生意呢？這關乎三點：

1. **機關的需求。**
2. **招標的形式。**
3. **招標的流程。**

　　網路讓企業獲得機關需求的成本大幅下降，現在上網到「政府電子採購網」，搜索精準的關鍵字（這段敘述好 80 年代，政府進步迭代就是這步調），就能出現近期的案件。現在只要在採購網登入會員，就能線上購買需求說明書。

　　讀採購法的文字可能會睡著，這邊盡量簡單解釋跟政府做生意分成三個方法：

1. 公開招標

　　這就像是學校舉辦的繪畫比賽，並且在學校公告欄上公告，所有的學生都可以參加，只要他們符合比賽規則（例如：

畫布大小、使用的顏色等）。在這種情況下，所有看到公告並
且符合規則的學生都有機會參加比賽，並有可能獲勝。

2. 選擇性招標

　　這就像是學校在公告欄上公告將舉辦繪畫比賽，但是只
有在預先的畫畫能力測試中達到一定標準的學生才能參加。在
這種情況下，只有看到公告、參加能力測試並且達到一定標準
的學生才有機會參加比賽，並有可能獲勝。

3. 限制性招標

　　這就像是學校直接找到一些特定的學生，邀請他們參加
繪畫比賽，而不是在公告欄上公告。在這種情況下，只有被學
校直接邀請的學生才有機會參加比賽，並有可能獲勝。

　　所以，這三種招標方式的主要區別在於誰可以參加競爭，
公開招標是所有看到公告並符合規則的人都可以參加，選擇性
招標是只有看到公告、參加能力測試並達到一定標準的人可以
參加，限制性招標則是只有被直接邀請的人可以參加。

　　針對入門者，我們先關注公開招標的最有利標即可，招
標的簡單流程參考下圖，跟我們比較有關係的是招標的項目。

招標流程圖

簽辦	招標	開標	決標	履約	驗收
計畫 預算 簽辦 審核	公告 領標 投標	審核 家數	簡報 議價 簽約 公告	分包 報告 調解 仲裁	查核 驗收 付款 保固

▌怎麼選擇適合自己的標案

要怎麼找到適合自己小公司特質的標案呢？先說結論：從盤點自身獨特的利基市場（Niche Market）做起。

理想狀態是幾乎壟斷、全面制霸，最好的範例莫過於古代秀才待在幾乎不識字村莊的待遇。民國初年，國內不識字率超過百分之八十，光是能讀書寫字的，當年就算是知識分子了。利基市場中的小眾市場是沒有競爭者的，也不會有新的競爭者加入，需求也不高。

小眾市場以養家活口來說，其實一點也不小。古代村落平民，除了富農或大戶人家外，其餘都是文盲，考上秀才就能在地方穩穩的吃香喝辣。光是幫人家寫信、讀信或是開設私塾，

就是一門剛需到不行的生意（當然還是要靠點人脈關係）。在大城市被舉人、進士碾壓自信心低落，然而單單是個秀才，在自己縣城面對官府都可以不跪著說話，官府也有補貼，減免稅收與徭役，再落魄就算回家種田，經濟條件還是比一般人好。

　　秀才的知識水平的確不怎麼樣，但畢竟識字到衙門裡去擔任書吏、幕僚這類工作也是不錯的，就算都得靠關係打點，還有幫助普通百姓寫訟狀打官司的出路。

　　儘管利基市場不等同於小眾市場，但以 5 人以下小公司來說，小眾市場看似競爭低、需求低，卻一點也不小，養活自己與家庭是沒有問題的。那到底該怎麼切入呢？

商業模式圖(Business Model Canvas)

關鍵合作夥伴 Key Partnership	關鍵活動 Key Activities	價值主張 Value Propositions	顧客關係 Customer Relationships	目標客層 Customer Segments
	關鍵資源 Key Resources		通路 Channels	
成本結構 Cost Structure			收益流 Revenue Streams	

　　我們可以參考《獲利世代》的商業模式圖，這張圖雖然沒法直觀的給予創業者發現自身的商業模式，卻是很好的盤點工具，藉由填寫欄位找到盲點，先完整再求精準。特別是經濟下行的年代，這工具能輔助你找到公司一直活下去的方式。

商業模式項目說明

項目	項目定義說明
目標客層	你想幫助哪些人？ 針對客戶的特質進行描述，從中觀察出真正的需求，整體而言分成： ・客戶必須完成的工作 ・客戶能獲得的好處 ・客戶的痛點
價值主張	你怎麼幫助客戶？ 以客戶需求描述為基礎分成三塊依序： ・用自身產品／服務當作解答 ・創造獲益 ・舒緩痛點
關鍵合作夥伴	誰能幫助你？
關鍵活動	你做了哪些事？
關鍵資源	你的特質以及擁有什麼？
客戶關係	你怎麼和客戶互動？

通路	別人是怎麼知道你的？
成本結構	付出什麼？（錢只是其中一項）
收益流	你會獲得什麼好處？ （養活家庭，單純有成就感也算）

　　從商業模式圖我們可以發現，盤點自身優勢後對客戶產生價值，還處於小規模公司的草創階段，跟我們個人特質、天生不平等優勢、關鍵資源等綜合起來，匹配客戶的需求的結果。

　　找到合適的標案，不妨換一個角度問：怎麼靠政府的錢支付公司的固定成本活下去。這個問題的本質，是願意持續付錢希望由您來承接專業服務和時間的政府機關。

　　有人一定會質疑，標個標案哪有這麼複雜，光想著：「我對這個領域打滾多年很有經驗，時常得獎。」、「這個領域在民間沒人不知道我。」、「我的作品清單，用 10 張 A4 紙雙面列印都印不完。」……腦海內諸多 OS 族繁不及備載。

　　想當然爾，政府就該給我這類的標案來做，以提案／企劃思維來稍微思考這樣的迷思可明顯發現，闡述自己的專業與過往豐富的經驗，對未來付錢的機關來說「沒有意義」，（評審看到提案心中 OS：「講這麼多干我什麼事？」）為什麼？因為機關真正的需求，與公司／創辦人的特質、知識／技術優勢

尚未匹配，導致價值沒法一目了然呈現，讓人一看就懂。

　　價值簡單說是個人特質和能力可以幫助哪些人？關乎付錢的機關要解決問題的目的。

　　通常客戶不會知道自己要什麼（開出標案需求，也只是意識到自己有問題要解決，不知道真正的問題何在），我們反而要跟機關闡述碰到了什麼問題，而公司的服務，正好是能解決此問題的最佳答案。

　　讓長官和外部評審眼睛一亮的底層邏輯是：

自身優勢→打中機關真正的需求→產生「價值」

　　我們能對機關產生「價值」的自身優勢包含：

1. 身為公司創辦人的個人特質，例如細心、重視邏輯。
2. 工作的特殊經歷，例如在過往 10 年內待過三個截然不同的產業。
3. 先天不平等優勢，例如在女多男少的公司，男生可在倉庫當壯丁。

　　用過往的工作經驗提煉出機關可能需求匹配相關性，尤其是對方在乎的特質，您要在企劃書中第一頁完整呈現，看了讓人眼睛就亮起來。

▎關鍵資源

需求和價值的配對，入門者可從自身「**關鍵資源**」下手，你的專業就是資源，這包含人格特質、興趣、知識技能（現在暫時沒有，未來能持續發展的也算）。

以草創事業來說，要走得久通常是興趣使然，其次才是技能。技能可以花錢、花時間培養，甚至某些環節外包都行；興趣完全沒辦法，不喜歡就是不喜歡。

創業要走得久，一定是對該領域有濃厚的興趣，只看到當前風口上有錢賺，就貿然跳下去做，如果剛開始有賺到錢還可以忍著，一旦經濟下行一段低潮，支撐這段時間除了必勝的決心外，就是靠對這行的興趣，看到有快錢賺，到頭來絕對拚不過有熱情、有興趣的人。

因此，第一步不是先把政府採購網打開找案子、找機關，反而要先盤點自身的關鍵資源，其**關鍵資源就是自己**！

除了興趣是關鍵資源外，你是誰？你擁有什麼？個性特質、家世條件是先天不平等優勢，別人奪不走，後天培養的技能也是能發揮的，可能在業界很有經驗，該領域有堅強人脈，這些都是無形資產。

以一位剛登記公司的影片拍攝者為例，他跟太太都在影視圈、視覺傳達領域打滾超過十年（為顧及隱私，個人背景略

有更動），該公司經歷如下：

剛登記公司的創業者
【電影獎項】 • 有數個微電影比賽的入選 • 在電影節有得導演獎與新人獎 • 獲得文化部電影補助 **【合作客戶】** • 多家中小企業品牌影片 • 職業工會介紹影片 • 協會介紹影片 • 超過一百人各領域訪談紀錄，包含文史學者、職人、演員、作家等等
【服務項目】 • YouTube 影片拍攝 • 經營自有內容行銷頻道 • 企業形象廣告 • 微電影 • 商業廣告 • 劇本撰寫

　　不少人認為拍影片的入門門檻最低，當今資訊社會數位影片大行其道，加上疫情帶來的數位轉型浪潮，影片可以做非常多樣的運用，況且用手機搭配好的劇本，也能帶來優良的行

銷成果。導致很多初期創業者不知道能做什麼，就先投入拍影片的標案來小試身手。

　　拍行銷短片、微電影是個技能嗎？是！但也不是。看機關開出來的需求說明，都要求拍行銷宣傳短片，光是舉以下三個類型就知道差異多大，這邊強調的不是影片類型，而是整體服務截然不同。

	機關需求	提案者關鍵資源	價值
類型一	要呈現年度業績爭取來年預算。	拍政績影片。	爭取預算。
類型二	讓眾人知道任期內做了什麼，顧好公關。	細緻的公關影片。	打贏選舉為實際主基調，用很多隱喻不能太明顯。
類型三	地方品牌識別與個別活動宣傳。	行銷影片＋完整的地方行銷企劃，可能得包含初步設計 CIS，之後的活動規劃大綱包在裡面，盡量面面俱到。	能吸引多少人來，有多少觀光客會看到，整體地方特色識別讓人想一來再來。

　　同樣都是要求拍影片，也是同樣的機關發包，要交付的服務卻是天差地遠，這也導致我們自認為有能力，其實局勢發生一點變化，就得有更多不同的應對方式。

　　從關鍵資源擬定優勢，以此推導出與需求匹配的標案。

需求說明書怎麼讀？

　　對於標案入門者來說，最大的誤會是乖乖照著需求說明的表面意思思考提案。需求說明是有許多潛臺詞與前提條件，沒有往下連續問至少三個為什麼，沒有意識到「有不知道的不知道」，就會完全抓錯方向，給出打不到痛點的提案。

　　做生意要做市場調查，明確需求靠得是事先洞察，看到需求說明的公告才動手都有點晚，需求公告都是有原因的。身為入門者，要怎麼快速判斷呢？

　　這邊有一段簡單的判斷文，不妨先下載一個有興趣的標案需求說明書，接著以你的理解，盡量填滿以下短文的空格：

標案需求說明輔助理解短文表

需求判斷理解短文	短文解釋
本案碰到「＿＿＿」問題，往年都是「＿＿」，而今年則是「＿＿」。	標案背景整理，需求不可能半白跑出來，通常都有個模式。
這個案子是「＿＿＿」計畫或研究延伸而來，關鍵團隊有「＿＿」。	找不到年度的模式，便從先期計畫或是近期的新聞事件，觀察該產業的橫向與縱向發展。例如系統設備案會開案，是因為過往廠商都用國產，可是國外有新技術必須換新。
本案必須運用「＿＿＿」技術，必須遵循「＿＿」法規與下列「＿＿」標準。	做事必須遵照法度，做事規範。
此技術是「＿＿＿」派系占有主導地位，相對於其他「＿＿＿」派系，在本案占比不明顯。	這段是潛臺詞，協助投標時判斷準備對的策略，完全不用呈現在建議書，自己知道就好。
• 綜合以上資訊，正好本公司擅長「＿＿」。 • 需求說明列出階段性目標有「＿＿」。	盤點自身優勢列清單逐一符合目標需求，用什麼方法能做到。

需求判斷理解短文	短文解釋
• 配合機關原本有的「　」架構、條件下，考量到機關 • 「＿＿」在乎該傾向 • 又有「＿＿＿」政治目的與爭取來年預算的需求 • 本公司能配合「＿＿」 • 關鍵資料有「＿＿」 • 關鍵資料在「＿＿」手上 • 執行本案時問「＿＿＿」可以得到準確的消息 • 並提供協助做「＿＿」	年度標案都有特殊性，尤其活動、策展都有關鍵資料在其他機關，而開標的單位跟其他機關沒有交情，也沒有上下隸屬關係，更重要的是考量派系發展、選舉壓力。
此案背後的真正目的是「＿＿」。	目的關乎四點： • 機關能獲得的價值。 • 政黨選舉考量。 • 配合派系發展，尤其掌握技術話語權更是如此。 • 方便來年爭取預算。
本案挑戰是「＿＿＿」，跟往年標案不一樣的特殊要求是「＿＿」。	通常是時間很緊湊，技術不到位，或者要配合其他單位成品後，才能繼續下一步作業。

需求判斷理解短文	短文解釋
• 需要呈現「＿＿＿」幫助評審們了解「＿＿」。 • 可以幫助機關完成「＿」。 • 案子完成後跟「＿」交代。 • 具備有效的攻擊性，其決勝點會是「＿＿＿」。 • 帶給機關的價值是「＿」。	統整以上資訊，大概能推導出寫建議書的決勝點是什麼，最後機關能獲得什麼價值。

　　從上段敘述來說，可以大概分析你對本案的了解程度，不用真的像寫作文填得很仔細，以一個準備投標人想做這門生意的態度，想一下就知道。裡面的道理淺顯易懂，這段檢查語句只是提醒的作用：很多關鍵細節在白紙黑字的需求說明根本看不到，即使打電話問承辦人員，很多空格是不可能告訴你的。

　　理解需求說明是一種情報戰，很多人抱怨說就是內定，或是有人脈就沒關係，這種說法是一種武斷、對客戶需求無謂的情緒反應。抓到真正的需求需要「天時、地利、人和」，會得標的人大部分都不是僥倖，事出必有因（我講的是正規管道，不是內定或綁標）。如果你有超過三成的空格補不齊，表示這個案子有非常高的機率是開給別人的，因此這次投標對你的價值是遞名片、刷存在感，而不是得標。

新手常見的 10 個問題

▎為什麼要投入政府標案？

1. 對民間單位來説，財務方面可以多一項收入，雞蛋不要只放在民間商業案裡，可豐富多元的收入來源。

2. 政府不會倒帳！除非政府明天就被解散，不然它都在那裡，收入是可預期的（雖然會拖款）。

3. 政府標案不像是 20 年前賺錢了，不奢求賺大錢，可聚焦在攤提自身的固定成本上。每個月都要付薪水，員工還會「靠北」説沒給年終。政府的錢雖然不多，卻能保證你這個月付得了員工薪資與定期減輕負債。

4. 跟政府打交道，絕對能認識更多的關鍵人物，這種人脈的累積，在日後商業提案也很好用。

▎為什麼企劃書無法「模組化？」

為什麼每個企劃都不一樣呢？狀況不同、對象不同、優勢不同、配對的機會不同、風險不同，每一個變數的排列組合，都會造成大相逕庭的結果。

　　不少人以為企劃可以用模組化作業，就像玩樂高積木一樣，只要碰到類似的需求，東拼西湊一下就可以了，想說多買幾個範本來抄就行。

　　這樣的思維誤區，主要來自於對局勢的誤判：以為每次碰到的狀況都是固定的。在這類人眼中，就像在玩單機遊戲破關打怪，闖入每個關卡的怪物，都從已知幾個固定手法殺過來，只要熟讀攻略與勤加練習，就能掌握訣竅。在很多限制條件下的排列組合自然有限，因此產生了能模組化的錯誤想法。

　　然而現實生活的複雜程度，恐怕超過我們的想像。光是把企劃類比成下西洋棋就知道，就算勤背開局棋譜，但對方下棋超過五步，就得憑真本事高下立判。

　　現實世界的變化又比下棋更複雜，局勢不同，導致我們的相對優勢也不同，就算對象看似相同，安排的過程與結果也大相逕庭。我用自身最簡單的活動企劃經驗就知道了。疫情之前，有很多外國交換學生和觀光客來臺灣，在此分享我和法國、捷克、加拿大、中國貴州、臺灣臺南女孩規劃出去玩，各自的一頁活動企劃為例。

　　說是出去玩，要玩什麼卻因人而異。由於每個人個性不同，想要達到的目的也不一樣。儘管目的相同：讓她們更認識我，以後有機會廣結善緣，認識更多正妹，也做好國民外交，

讓她們對臺灣這塊土地與人有好感，途中玩得自在、玩得開心，有個美好充實的回憶。

　　上述目的都相同，五位對象雖然都是年輕女生，整體來看，可分成歐美、中國和臺灣三個部分，光是成長環境就差距甚遠，來臺灣感興趣的就完全不一樣，根本不會有萬用懶人包。

▍被問「想表達什麼？」

　　老闆用 5 秒鐘翻了幾頁你熬夜趕出來的企劃書，就順口問了「想表達什麼？」這句話，儘管做了許多功課，整理了很多資料，卻沒抓到痛點，通常是沒完整列出價值，導致讀的人腦海內滿是黑人問號。

　　價值是什麼？價值是滿足對方需求能得到的好處。我們可以說，提案／企劃就是在傳遞價值，這可以從商業社會供給與需求的邏輯說起。

價值模式圖(The Value Proposition Canvas)

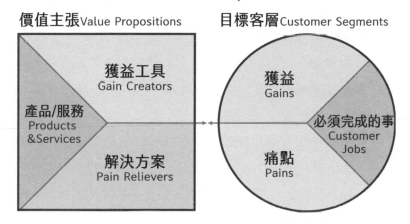

埋解「價值」這件事似乎很抽象，初學者可以運用《價值主張年代》書中提供的工具來了解。簡單來說，它是「客戶描述清單」和「價值清單」各自項目對應的結果。

客戶描述清單	價值清單
痛點	解決方案
必須完成的事	產品 / 服務
獲益	獲益工具

　　以某個機關開出的標案需求做介紹，該機關希望向國人宣揚過往有在認真做事，其中一個方法是拍影片，素材需要訪談十數位該領域的成功人士，彰顯該機關有在幫忙。

　　由於每年 12 月 20 日都是政府的關帳日，也就是説，該筆預算一定要在 12 月中以前付款給民間公司，那時候案子 10 月底才公開招標，時程可以説是非常趕。

　　由於行銷影片是以訪談為主，訪談的對象並沒有特定的領域，加上潛在對象四散各地和海外，標案需求裡面是沒有名單的。綜合公開的標案需求説明書，以及招標期間與承辦人電話需求訪談中發現，當時的價值解析如下：

客戶描述與價值表

客戶描述清單	價值清單
痛點	解決方案
・ 具有大量各領域專業訪談的經驗。 ・ 政府影片有專業度，具備質感，不走浮誇搞笑的綜藝風。 ・ 內容風險：產生公關危機。 ・ 時間非常趕。	・ 展示具備在短時間能完成有質感又專業的訪談能力。 ・ 證明公司有人脈能在短時間內找到合適人選。 ・ 火力展示過往跨領域訪談的數百件作品。

必須完成的事	產品 / 服務
在一個多月的緊迫時間內用掉預算。	在期限內數支訪談不同業界人士行銷影片。
獲益	獲益工具
• 讓國人知道機關真的做了很多事，也有達到預定成效。 • 訪談內容獲得國人稱讚。 • 證明機關價值，爭取來年預算。	• 訪談內容都是正面與稱讚。 • 內容詳細描述機關是怎麼幫助業界人士走到現在這個位置。 • 訪談大綱讓人一下抓到重點，影片有質感呈現專業。

　　價值傳遞過程，針對受眾需求的不同、理解事情邏輯不同、程度的差異，所陳述的內容也就完全不一樣。

　　相對於民間提案會先探聽意願，意願沒有簡單的「是或不是」的單選題，而是分析潛在客戶公司，是否有外在威脅與內在壓力，真正渴求被服務的程度就不同。而政府則是明確開出需求，這時需要探究的是需求程度。

　　提案 / 企劃是在影響別人的行為，讓對方照著我們的意思做。影響他人行為的方法非常多元，分成以下幾種：

　　1. **供給 / 需求**：藉由交換的形式把產品服務賣出去。

　　2. **產生信任**：頻繁出現於人們眼前刷存在感，搭配有用

的內容讓人印象深刻，進而產生信任感。

在認知到對方的真實需求前提下，我們提供解決方法、具體建議。**價格只是價值的一種**，永遠都有更便宜的，我們不該陷入價格戰，而是**維持價值**。情感維繫的長期信任感，也是價值的一環，信任就算用錢也非常難取得，顯得更為珍貴，其價值也能表現在價格上。

▎這次的提案／企劃失敗了，怎麼辦？

過往的建議書內容都不要輕易丟掉，不要認為沒得標都是廢物。我們要做的一件事是逆向工程：盤點影響這件事情的關鍵元素、元素的參數是什麼。

上升一個維度，用架構思考：欣賞一個例子都是從架構延伸出來的，我們看到有趣的工具書，會先看目錄與故事，論點怎麼鋪陳的，廚師一定把菜色變成食譜，作曲家就是樂譜，網頁設計師一定有網站地圖。

其實這些都是「維度」，就像我們每天用 Google 地圖，先放大地圖看相對位置後，再仔細看街道巷弄街景圖一樣，見樹要先見林。在 word 上寫作有個大綱模式，好的作品都會發現一些特定模式。

用元素的參數觀察變化：運用第一性原理拆解成基本元

素，每個元素都有參數可以追蹤。這類似籃球比賽最重要的是各自的分數，從得分回溯，可拆解籃球員的戰術、動作等等，來破解得勝的路徑。

　　而成功路徑都是由每個元素的參數組成的，運球是個參數，團隊合作此類質性議題，也能用參數來表達。適當的目標在觀察參數後能提供整體反饋，前提如第一點所言，還是要習慣記錄。

　　成功很可能是僥倖，失敗都有相似的原因，簡單說是沒抓到對方痛點。失敗不是成功之母，一連串的小成功才是成功之母。

要怎麼找到適合自己的政府標案？

　　政府標案都是跨領域的整合案，如果自己是單一職能，一定要跨至少兩個領域，形成 A + B 的效果。

　　A + B 領域可能是語言加上電腦專業，比如公司本來從事翻譯，就不能純粹只做翻譯，可能要涉及活動、行銷推廣、拍攝影片或架設網站。舉例來說，多國語言網頁建置、新住民電腦研習課程等等，都是入門的方向。

　　只要訂閱政府採購網的電子報，每天接近中午會定期發送當天最新標案訊息，或者也可以在手機下載安裝「標案快訊」

app，假設自己擅長拍影片，就鍵入「影片」、「多媒體」、「拍攝」等關鍵字。

我們至少要獲得一個標案經驗有三種策略：

- **策略一**：從最低標開始，用最低價去搶，不要虧錢就好。

- **策略二**：從最有利標開始，寫服務建議書就像發傳單的概念，讓委員與機關意識到有你的存在。

- **策略三**：投標後，固定發電子報刷存在感，讓機關時不時想到你，打電話來「邀標」，希望來投標。

▍政府標案流程有哪些？

政府標案整體流程可分成六大步驟：

1. **政府內部簽辦**：前期研究、前期計畫、獲得該標案的預算、內部簽辦、審核通過。

2. **政府公開招標**：政府公告標案訊息、民間單位尋找標案、民間單位估算成本、民間單位領標、民間單位準備投標文件、民間單位撰寫服務建議書、民間單位投標。

3. **政府開標（投標廠商資格審查）**：

   - 政府針對廠商是否符合投標資格，進行文件審

查，「可能」會現場公布有哪幾家廠商投標，機關也可以選擇不公布。

- 機關絕對不會在開標會議室以外的地方，洩漏有哪些廠商投標，如果你沒去開標，日後打電話問也沒用。

- 民間單位在開標的會議室內，觀察有多少競爭者。

- 如果是最低標，公布底價；如果是最有利標，則是等到評選簡報。

- 比價。

4. 政府公布決標：

- 評選簡報。

- 簡報後，政府公布議價次序。

- 議價／簽約。

- 在現場經過三次議價，如果前兩次都沒進入底價，最後一次寫「本公司願以底價承作」。

5. 民間單位履約：專案啟動會議、重要查核點、履約爭議調解、期中／期末報告。

6. 政府驗收：期限、付款、保固。

▎政府標案成本怎麼算？

政府採購法的核心精神就是三個字：「拗廠商」，讓機關與評審委員覺得用 100 元可以做 300 元的事。

服務建議書的經費分析表，要展現出下列價值：

* 用滷肉飯的銅板價吃三星級米其林的牛排。
* 100 萬元的經費，看起來能做 300 萬元的事情，這就是經費編列的藝術。

至於實際成本怎麼估算，尤其我們做標案就是要賺錢，建議把成本項目細拆成九宮格，用「曼陀羅九宮格」思考法，把九宮格填入人、事、時、地、物、前置工作、結案工作，以及最重要的大魔王項目：

「隱形成本」！！！

「隱形成本」是關乎該案是否真能賺錢的成敗。

編列經費分析表時，如果牽涉戶外活動，服務建議書記得加註：「雨備方案需雙方討論，經主辦單位同意執行之。」有這句話會讓你少了很多麻煩。

▎政府標案看起來很好賺？

聽標案前輩們感嘆，20 年前政府預算很敢開，競爭廠商也不多，剛投入時真的滿好賺的。每個標案平均下來，有辦法

把整體利潤拉到快 50%（這種話僅在非正式場合口述，我沒看過財報不知真假，但有公司純粹都靠標案維生，由此可見一斑），然而近幾年來各個慘業，尤其新冠肺炎疫情更是讓實體活動變少，競爭者越來越多。

在標場上會看到有廠商開出殺到見骨、根本低於市面成本的價格。對於公司來說，每個月都有人事開銷等固定成本，公司只要活著，能攤提固定成本，不奢求賺錢，投入標案會很常出現這種只求存活的對手，這也是要考量是否投入該標案的重要因素，絕對不能看著預算金額數字好看就貿然投入。

記得先扣掉 5% 營業稅後再算利潤，建議先抓 30% 估價看看，不過現在利潤有 10% 都要偷笑了。

執行政府標案的「隱形成本」，才是重點中的重點！

這些事不會寫在白紙黑字的招標文件上，卻在現實很常發生，入門者有三大雷區要注意：

1. 完全超越契約規定的承作範圍

比如網站維護，契約載明保固只有一年，過了一年保固後，卻還是叫你把網站修到好，你已經在做該單位的其他案子了，能不照做？拒絕了擺明是不想做生意了嗎？

2. 招標機關根本不是需求機關

例如，A 機關要辦活動，其實是給 B 機關。需求說明書、契約、專案啟動會議，甚至到了期中會議上都沒講這件事，等到期末報告，真正掌握生殺大權的 B 機關長官才露臉，嚷嚷說這活動方式不是他們想要的，全部否決前面的活動成果（如有雷同完全是巧合，請勿自行對號入座）。

3. 關鍵資料在其他機關，卻與需求機關水火不容

比如 A 機關要拍微電影，其中最關鍵的資料掌握在 B 機關手上，影片中一定要出現該筆資料才行。BUT！B 機關卻跟 A 機關徹底鬧翻，資料死都不給。

主持該標案的 A 機關只會說廠商要負全部責任，請自己想辦法，畢竟公版契約載明所有責任都是廠商承擔，無法履約也是廠商的問題（如有雷同完全是巧合，請勿自行對號入座）。

實際執行標案時，常常為了解決不是契約中卻非得執行不可的任務，會造成你與公司夥伴們加諸非常多的情緒勞動成本，遑論其通訊成本、交通成本、人員流動重新招聘的訓練成本，為了溝通所額外付出的時間成本……等等。

政府標案要準備哪些文件？

　　可用網路搜尋「如何準備投標文件」關鍵詞彙，即可找到相關指南。文件因機關而異，網路上不少人都有寫怎麼準備的攻略，且文件需求隨時會變動，網路上搜尋即可。

政府標案都是內定嗎？

　　政府不會內定。然而在《政府採購法》的框架下，各個機關的確有很明顯的選擇偏好。儘管外部評審委員擁有絕對的自由意志去評分，不過也得考慮政府長官的意圖，其喜好多少能夠影響委員打的分數，機關也傾向找長期比較好配合的外部評審委員。

　　這並不是說新進廠商沒有機會，正好相反！就是因為長期配合的廠商，看似跟機關配合有默契，雙方的缺點也會慢慢浮現。比如老公司比較缺乏科技能力，以及過重的「中華民國美學」（外部委員群慢慢的也不都是老屁股，越來越年輕），這就是新公司可以切入的重點。

　　另外，新官上任三把火，就算之前好配合的廠商做得再好，新長官想換換口味也是很常見的，這就是見縫插針的好機會，得標機率不小喔！

服務建議書決勝點：得到信任，寫出價值

　　會得標就一句話，八個字「得到信任，呈現價值」。

　　信任的前提條件是，服務建議書內兼具「**攻擊性**」、「**完整性**」、「**創意性**」。

- **攻擊性**：寫出價值，並配上「工地主任」等級的一系列多年實蹟。
- **完整性**：MECE，清單中的詳細描述、檢核表、成本、風險、機會……
- **創意性**：跟去年不一樣的東西以及加值服務。

　　兼具「攻擊性」、「完整性」、「創意性」，會呈現在以下內容：

- **統籌完整專案經驗豐富**

　　就算公司剛成立不到一個禮拜，一定要羅列你多年在該領域等同「工地主任」的等級，至少是 PM 專案經理完整統籌的經驗。第一線執行人員給人的感覺，往往是格局不夠寬廣，從基層做起固然值得鼓勵，但是在提案時一直強調基層經驗，就容易讓人有不足以託付重任的感覺。

　　這就像公司副總與跑腿小弟兩人分別來提案，在都完全不認識兩位、講的內容都差不多的狀況下，下意識的本能反應，你比較信任誰能掌握全局，把案子做好？

- 價值有被呈現

　　寫出眉角。很多人覺得過往得標經驗豐富就鐵定會得標，世界上沒這回事，**經驗豐富要跟需求匹配才有「價值」**。

- 對案子非常了解

　　有做現場調查，而非單純介紹公司有多好。就像機關已經不滿在地廠商頤指氣使很久了（純屬虛構情境），希望外地廠商來換換口味，於是有了換人做做看的需求。

- 在地

　　希望問題能快速被解決，既有效率又兼顧品質，有需要的時候現場找得到你，一通電話打過去，20 分鐘內你人就出現在承辦眼前。

　　提案 / 企劃在使用語句表達時，一定會帶別人風向，這道理是運用「神經科學 NLP」錨定和框架效應的道理，這水很

深，學得好人生開掛。這些敘述句並不表示我們在騙人，而是運用心理學手段。

同樣都是在陳述事實，以下用兩個例子舉例：

- 50CC 的水在 100CC 的茶杯內，到底是「還有一半的水」，還是「只剩一半的水」？

- 一位在酒店上班的臺大女孩，到底是「酒家女勵精圖治考上臺大」，還是「慘！臺大女大生墮落成酒家女」？

以上兩則就是帶風向的藝術。只是切記不要攻擊敵人，服務建議書內一律正向表述，發包要講「串連」，汲取靈感要講成「發想」……等等。各個行業都有行話，從行話審核我們有沒有在圈子內，或是第一次來但確定我們有做了一定程度的功課。

由於每年的時局環境都不同，語境都會變，這邊只能做提醒說有這件事的存在，提案時必須要注意。

評審重點與注意事項

在辦公室不遠處的會議室隔間，又聽到小李被老闆罵得狗血淋頭的叫囂聲，伴隨著提案書散成如雪花般從空中悠然自得地飄揚落下，讓人抬不起頭的屈辱感，也注定他又得加班到不知民國幾年。

目光轉到標案會議室內，評審皺著眉頭嘆了口氣說道：「你們公司到底想表達什麼？」

甚至有評審問出具有強烈敵意的問題：「你們提供的服務都不是我們所需要的。」

看到不合格的提案書，讓人有強烈的情緒起伏，為什麼？

很多老闆天生性子很急，也可能一分鐘幾千萬上下，沒法在眼睛掃過去 10 秒之內抓到重點，就會覺得時間被浪費了，還要花費腦袋抽絲剝繭去理解。

很多人認為，寫企劃就是把過去的內容東抄抄西改改交出去，這並沒有說錯，畢竟過往的內容都是日後的靈感來源。

不少評審是從遠方舟車勞頓來開會，剛到會議室內就定位重新理解，現場聽承辦人口頭講一遍，再瀏覽一次建議書，

廠商陸續進場簡報，第一家通常還在狀況外，到了第二家才逐漸暖身上手。

那該怎麼處理這樣的窘境呢？構思建議書整個骨架和相應的內容，進去會議室前，在投標須知的文件中，有評分項目裡面內容都要有，詞彙不用自己發明，與需求說明及評分項目的詞彙是一致的。

不少人都會忽略詞彙的一致性，覺得這是小事。實務經驗是不少委員對這個案子不會比我們提案公司熟悉，有些詞彙對專業人士來說可以互換，評審委員可能不知道，或是單純很執著作文比賽的精神，不喜歡詞彙不同。在熬夜燒腦寫內容時，有時候寫得太順手忘記了，不妨用編輯軟體的詞彙搜尋，用需求說明的關鍵字檢視整份文件。

如果是預算高動輒幾千萬甚至上億元，執行比較複雜的系統與勞務案，章節不用照著評分表順序，但裡面的內容一律要提到，一個都不能漏掉，這也是表現完整性 M.E.C.E. 專業度。各自的子項目逐項展開，講的內容一定要比規定得多。從下表的評分分項說明可略知一二：

服務建議書評分表範例

評審項目	評審子項	配分
企劃內容	1. 影片內容宣傳規劃。 2. 媒體預期效益與分析。	35
創意與回饋給付機關加值服務項目	創意加值設計規劃及加值。	30
經費概算合理性	經費運用合宜，服務建議書預算編列完整且具合理性。	20
計畫執行管理及履約能力	1. 廠商之組織架構、規模與信譽。 2. 對本案服務事項之認知及瞭解程度。 3. 工作團隊組織之完整性、人力配置合理性及成員合作經歷、能力等。 4. 廠商過去執行類似計畫之實績。	10
簡報與答詢	簡報內容及答詢之完整性及合理性、簡報時間掌握是否恰當。（投標廠商未依規定時間至本會議進行簡報不予計分）	5

資料來源：政府採購網

- 影片內容宣傳規劃：整個計畫的架構圖，機關能獲得的價值，聲部、影部，解說與效果。

- **媒體預期效益與分析**：質化效益與量化效益。
- **創意加值設計規劃及加值**：以行銷案來說，增加行銷完整度；勞務案則需探尋前案缺什麼。
- **工作團隊組織之完整性**：證明有專業和專案管理的能力，以證照、得獎、PMP 專案管理師或該領域的專案管理證照。組織圖下方以表格說明各組織分工，工作項目、學經歷等。
- **廠商過去執行類似計畫之實績**：擷取類似本案的經歷，不用把過去全部的放進去。對於第一次標案、沒有任何公部門經驗的廠商，可以用類似的民間經驗，只是要特別描述跟公部門類似效果的價值。

盡量正向表述，不要指名道姓攻擊其他人。不要用攻擊型寫法，我們永遠不知道評審跟其他公司或潛在競爭對手有什麼藕斷絲連的關係，攻擊別人不小心踩到某評審委員心中的底線，無疑是自找死路。

要比較優劣就用對照表，一邊是我們的優勢，另一邊則是市面上其他家採用的方法，要注意的是，不能展示其他家的品牌識別（logo、示意圖有其他公司的制服或旗幟標語文宣等等），這也是針對性攻擊。

如果我們很熟悉對手，就會知道對方會出什麼招，是怎

麼思考這個標案的。害人之心不可有，防人之心不可無。不這
麼做不代表其他人不會指名道姓攻擊，我們能做的，只能是把
完整性 M.E.C.E. 做好，用正向語言描述問題與公司優勢，把
機關能獲得的價值寫清楚，闡明整個案子最關鍵的決勝點。

　　什麼是正向表述？像是「這家餐廳的菜色不好吃」，可
以改成「這家餐廳的食物發展出獨特的道路，可能適合特定客
群的味蕾」。

　　有些評審是比作文比賽，看有沒有錯字、格式有沒有對
齊，基本上跟案子無關，這就打哈哈過去，沒有回答的必要，
答得再好也不會加分。

　　會場一定會遇到純攻擊型的，甚至帶有明顯好惡的人身
攻擊，純粹是羞辱你，例如：「你們看起來就是不專業還敢來
標」、「你們的提案完全不是我們需要的」等等，我的經驗是
參加那場講出那句「你們的提案完全不是我們需要的」，最後
竟然還是得標了，想說都被這麼攻擊了，應該是完全沒機會，
只能說世事難料，現場的不可控因素實在太多，凡事盡力就
好。帶有強烈個人主觀的攻擊問題還是避開，或是說：「謝謝
委員指教。」帶過就好。

　　會問出攻擊型問題可能的情況是，其他對手已經把類似
問題在簡報時暗示，並設計問題做球給委員。

　　舉個很簡單的例子，假設我們約一般朋友出去吃飯，說下個禮拜三下午吃個下午茶，對方一定會問在哪間餐廳、幾點、在哪裡會合等基本的問題，這道理是雷同的，在簡報時講話故意講一半，讓對方很大機率下意識聯想到延伸問題。為什麼不在簡報就提，因為要控制同問同答的風向。

　　如果太貼心，都在簡報時自問自答了，就沒法控制委員接下來問什麼，反而在簡報時留下一個很基礎的問題讓委員問我們，屆時就很好發揮。對手假設順序在我們前面，先同問同答講了一個打到對方痛點的提案，輪到我們時，就會被質疑搞錯方向。

　　餵問題挖坑給委員跳，不可能讓每位委員都跳進去，但會場是有輿論風向的。假設現場有五位委員，通常其中一位委員會帶風向，正好是那位具有攻擊性的在帶的話，我們很難影響對方，只能先固守其他四位委員的問題。

　　同問同答時要帶委員風向，不能讓他們全然自由發揮。如果是表示大數字，直接講數字大家沒感覺，要用相對比較案例讓人有感。

　　假設我們描述某國某年援助非洲國家 10 億美金，這是什麼概念不清楚，如果改成說，每年只用相當造一架轟炸機的錢援助非洲國家，這在報告陳述中就比較有感。

　或是吃肯德基被熱飲燙傷，有老美告上法院說要索取五百萬美金，一般人會覺得很多，然而一旦轉換成只求償「肯德基當天營業額的千分之一」，表示對該公司的警訊，這樣聽起來就很合理，儘管錢是一樣的，別人也能夠理解。

　簡報時，一個議題故意只講一半，這樣委員不得不問後續，如此一來，我們可以控制問題的範圍，便能提早做準備。帶風向的道理，來自神經科學 NLP 的錨定效應，先設定他人的認知框架，用文字與圖像去影響認知。

　至於實蹟不足的問題，身為第一次標的入門者，這問題必問，我們要整理像工地主任或專案經理等級資歷，講述之前民間的經歷。

　有個狀況除外，主席的問題一定要回答，而主席通常是帶風向的人，性格沒這麼硬的委員，通常會配合主席的喜好。主席是機關內部人員，外部委員通常會尊重內部意見，（要再次強調這不是所謂的內定，跟有無違反採購法無關，單純喜好問題，就像有人喜歡吃飯、有些人愛吃麵一樣，是有傾向與喜好的），尤其主席問問題時，都要先回答主席的問題。

　評審是有個人意志的，不是所有標案都是主席說得算，如果來標的廠商真的品質勘憂，評審們想給另外一家，主席再屬意也沒有用。

　　最複雜的標案，莫過於工程及大系統架設，評審看到的亮點很可能是：市面上其他廠商都用國產的，正好本公司因為「天時、地利、人和」，有被授權國外專利。如果競爭很激烈，評選簡報時做一個對照表，或是系統架設之前的相關配套子系統，已經是由該公司承包了，他們就很清楚整個大系統要換掉的各項細節，以及其他子系統的整合問題，這個議題探聽沒有用，一定是之前執行過才知道。

　　其他廠商還得打去問承辦前一個系統要怎麼銜接，這家得標廠商的優勢是完全沒有問題的，由於過往承包的經驗，已經知道舊系統與新系統該互相整合的參數，其他廠商就很難寫到最關鍵的策略。

　　每天都在寫建議書的前輩，常常抱怨人才難找，一直想說找個會融會貫通、能主動注意到缺失的地方，就算不是這方面的專業，「嗅」到這個章節和段落，也知道要補哪些內容。這就是第一章在講的「系統論」，儘管在該領域是新手，只要做到幾件事，也能在短時間內有感覺「嗅」得出來：

1. 讀 10 本該領域的入門書。
2. 從入門書提取關鍵字。
3. 把關鍵字的彼此關係，用自己理解的方式圈出來。
4. 實在讀不明白的地方，請一位前輩中午吃飯搞懂。

5. 重新對入門一定有的基本 30 個關鍵問題講一次。

6. 有辦法在 24 小時內，掌握這領域的知識地圖。

有了對系統論的意識，加上這些知識的加乘，就能獲得本能，嗅到要修正的地方。寫標案建議書，過往的風氣太強調師徒制，前輩所謂即戰力要解決問題的能力，到最後功高震主。假設找一個跟他一樣厲害的人，怎麼可能甘於在他底下做事？

真正厲害的人都有個特徵：**偷師**，就算刻意留一手，一旦讓他知道基本關鍵字和架構，有一般智商加上一點企圖心，都能用逆向工程法推導出來，待一年搞清楚公司是怎麼玩的，腦袋都能打包帶走還不留情面。

刻意阻擋他人學、什麼都留一手，反而製造了敵人。以賽局理論來說，大方分享才有辦法留住人才，交到真心合作的夥伴。

▍為什麼問實際當過評審的人用處有限？

有些人很自豪說自己當過評審，可是照著當過評審的人修改的績效，有時候反倒不如沒有寫提案經驗的。那是因為評審的角色，很類似商業世界一般終端消費者，當公司想推出一個新產品時，不到位的市場調查，會做出不符合需求的判斷。

這概念就像汽車大王福特所說的，如果他當年問客戶想

要什麼，他們通常會說：「想要更快的一匹馬。」而絕對不是汽車。

評審等同於一般商業界的終端客戶，他們也不知道想要什麼，在該領域無論多專業也一樣。如果有幸直接請教到他們的意見，他們通常也會回答類似「要一匹更快的馬」層級的答案。

產品的迭代與升級，遠不是光收集使用者反饋的需求自然而然形成的，更快的馬車只是使用者自以為的表面需求。而如果從價值出發：縮短起點與抵達終點之間的時間，汽車才是真正的解決方案。

這句話應該從時代的角度來看，亨利福特是「福特主義」（Fordism）大量生產的領軍人物，那個時代是生產決定銷售，很少有同質競爭者。由於福特是汽車行業的先行者，他根本不需要詢問消費者需要什麼，因為消費者自己也不知道自己真正需要的是什麼。

從提案／企劃的內容清楚呈現能給他人什麼價值，找到真正的需求並打中痛點，是身為一人公司老闆該做的，也是寫提案人的責任。

投標企劃書撰寫架構與技巧

思考順序

　　寫服務建議書要準備的事情太多，不知該如何下手，我們可以先計算成本，確定不會賠錢後，再從「決勝點」開始思考。

　　從需求說明可以得知大致鋪陳機關能獲得什麼價值，靠的是下筆先搞清楚真正的問題，然後確認「決勝點」是哪些。

　　決勝點都關乎一個關鍵特徵：**稀缺**，這也是市場供給需求法則最明顯的要素。提案能贏通常都是因為我們有什麼，別人沒什麼。

　　不是說是痛點嗎？對，痛點是被提案的一方在乎有什麼，而不是自以為我們有什麼。

　　有名望的品牌、人無我有的技術、公司制定了該領域的執業標準、有堅強的人脈關係，這些都是稀缺資源，誰擁有對方在乎的稀缺東西，誰就能提案成功賺到錢。

　　點出稀缺項目的決勝點，並不意味著一勞永逸，要讓機關或民間客戶持續掏錢，可以用區別訂價法，猶如咖啡店分

大、中、小杯，軟體分成學生版、家用版與企業版，成本都差不多，好處是讓各種客群都能買得起。

為什麼之前講這麼多思考模型、方法、企劃工具，最後講到建立企業品牌呢？

從標案企劃書到建立企業品牌似乎不相關，然而我們仔細剖析後，其實大有學問，總結是系統論。提案／企劃一定是系統思考，從問對問題，問題背後的運作邏輯。以我多年的觀察，講到後來會發現，這在 90 年代的企管必讀經典《第五項修練》就在講的，能寫出時常得標的企劃書，其實都有做到書中第一章講到，只是前輩們沒有意識到而已。

然而在沒有做生意基礎的狀況下直接讀《第五項修練》太難了，建議先讀系統論的入門書，尤其是劉潤的《商業洞察30 講》，該書言簡意賅，本書的前面章節，就是借重劉老師的論述方式，解釋提案的最高境界便是經營企業品牌，這一切的思考基礎都是系統論。

決勝點關乎稀缺，對政府機關建立企業品牌，則是很難被其他新進對手奪走的稀缺資源（前面章節也論證過，有了品牌的公司，其實是沒有對手的），是非常值得長期投資的項目。

提案服務建議書是標案入門者的通路之一，就算我們這半年來打不過那些合作多年的公司，我們也是從建立個人／企

業品牌（以微型公司來說分不開）投入，把政府標案當作多元收入的一部分，分攤公司年度營運的固定成本，並同步發展民間業務，執行雙樁策略分散風險，度過經濟下行的凜冬日子。

▌架構圖：一頁點出決勝點和價值

怎麼寫出讓人買單的前言與一目了然的計畫架構？

畫出架構是一門很深的學問，最重要是讓委員一看圖就能知道本案表達什麼，甚至連「決勝點」也帶出來，其中的底層邏輯，還是回歸到前面章節的系統論。

在問對問題的前提下，一旦確定本案元素以及彼此之間的關係後，結構圖最簡單的表現方式是「以終為始」法，用箭頭指向「現實」與「理想」的落差。

一方面，以數位行銷、實體活動與現場勞務活動（藝術創作、環境清潔）來說，需求說明通常只會講目的和階段性目標，是前期規劃的延伸，可是沒有說出機關得到哪些具體好處。

例如影片只會說要拍什麼主題，可是為什麼是這個主題和規定的拍攝方式，就不會講了，剛開始不知道怎麼呈現一個案子的結構，可以用現實狀況不足的部分，帶出理想狀態是什麼，最好的描述能一看就在腦海浮現出具體畫面，從中帶出策

略和方法,去達成這樣的目的,需求說明規定的目標和方法,都圍繞著理想畫面打轉。

架構圖範例一

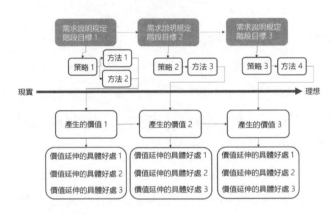

資料來源:李承殷繪圖

　　另外一種呈現方法,是類似拼樂高的結構圖。機關最後能得到什麼好處,來自於底層的策略方法整合後能給予什麼價值來決定,依序完整性 M.E.C.E. 逐項展開,對應建議書後面章節予以說明。

　　另一方面,以工程和系統架設來看,用圖示表示元素彼此的關係(可以回想前面章節提到系統論元素及因果關係),也用一張結構圖「一圖入魂」。這邊故意顯示初稿樣式,要美化可以另外找平面設計師或美工協助。

架構圖範例二

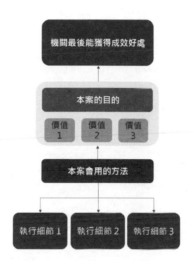

資料來源：李承殷繪圖

「一圖入魂」的表達法可分成兩種，一種是用細節呈現我們對機關的需求很懂，這通常是決勝點所在。表達方式是在系統架構圖中，刻意寫出機關沒有在需求說明內的參數和架接方法。

結構圖大家都長得差不多，亮點是參數。比如要設計子系統架設配合主系統營運，每個要整合的對接位置，一定都有參數和執行的眉角，但需求說明通常寫得很籠統，承辦再熱心，也不方便在電話需求訪談對話中講清楚（因為沒有簽約合

作，敏感訊息有保密問題）。如果光是知道關鍵參數就能贏，
這也是很多大公司接公標案很久的優勢所在。

　　就是因為這些優勢，身為奈米級公司拚不過，才要經營
品牌累積自身優勢，創造市場上不可被取代的稀缺性。

架構圖範例三

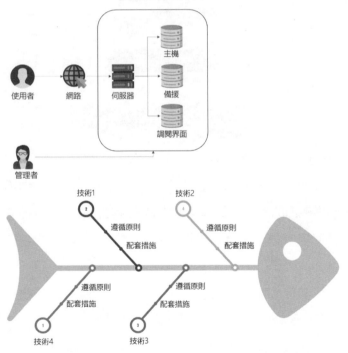

資料來源：李承殷繪圖，圖示來源：Freepik、Flaticon，撰寫期間使用年
訂閱制，可商用

　　無論結構圖長得如何，都要呈現「真正的問題－價值－策略－目標－方法／手段－執行細節」彼此的因果關係，這道理就像賣出一把電鑽一樣。

　　客戶逛大賣場想買電鑽，他們想買電鑽的原因，並不是因為電鑽這項工具本身擁有多強大的功能，像是鑽孔力道、轉速等等都不是重點，一切都是為了需要牆上的那個洞。

　　客人不會莫名其妙想在牆上鑽洞，背後一定有某個目的，這個目的關乎這場交易的價值。可能是想掛上全家福照片，讓一個空蕩蕩的房間有家的感覺，而「有家的感覺」就是價值。

　　讓客戶買單的策略有很多，店員本身如果有經營自媒體，成為水電界的微網紅，平常就在 YouTube 平臺上分享他正職工作之餘做水電的心得，而這位客戶是他頻道的粉絲，來賣場指名要他服務，這就是經營職場個人品牌，建立跟客戶的信任關係，是一種長期的銷售策略。

　　為了維繫客戶關係的長期策略，這位水電界微網紅，每週固定上傳兩部跟水電有關的內容行銷影片，一個月開一次直播，回答粉絲水電相關的問題，頻率與動作就是達到策略的目標。方法／手段牽涉到影片的企劃內容、文案腳本，怎麼讓人們成為粉絲，持續吸引客戶上門，不用自己一直往外跑，進行主動陌生開發。

執行細節就更多了，可能現場銷售過程的口條不要一直強調功能，而是不斷問問題，找出客戶真正在意的痛點。

稍微覆盤一下小故事的重點：

賣電鑽的商業結構一覽表

賣電鑽的結構	項目內容說明
真正的問題	為了掛上全家福照片，因此想在牆上鑽洞。
價值	一個溫馨家庭的感覺。
策略	建立職場個人品牌。
目標	成為水電界的微網紅，讓粉絲有信任感。
方法／手段	有規律地產出內容行銷影片和粉絲互動。
執行細節	很熟悉電鑽功能、型號，並在現場問出好問題，口條練習，銷售的成交技巧。

寫出「價值」是任何案件的一切，沒有向委員用五句話講出具體的提煉價值來，再好的策略也沒有用。就像賣可樂，想知道可樂的價值，絕對不是可樂本身多少錢，而是透過轉化問題「如果可樂不是在賣可樂本身，那是在賣什麼？」來追問，我們可以很清楚地發現，可樂產品的背後是在賣歡笑、賣快樂，這就是價值。

再舉個例子，以地方農產品銷售發展在地觀光案來看，

若要發展品牌的策略，達成策略的手段，其對應關係如下：

地方農產品策略圖

策略	達成策略的方法／手段	策略與方法的邏輯關係
建立 CIS 識別系統	設計理念，Logo 提案。架設官網傳遞價值。	CIS 品牌以視覺傳達方式表達地方人、事、物的價值先放在官網，以官網內容為行銷基礎往外傳遞，方法可用自媒體、傳統廣告商、電商平臺等等當作傳聲筒。
品牌大量曝光	藉由通路增加網路聲量及品牌知名度。	有了 CIS 初步的提案構想，現在有了自媒體與傳統媒體廣告可多重曝光。
產品上架多元平臺	可以敘述使用多種電商平臺來賣地方農產品。	除了實體之外的線上虛擬平臺完成交易，靠市面上電商平臺或自架購物網站。

參考來源：政府採購網

　　總而言之，結構圖就是用「以終為始」的概念，畫出理想與現實的落差，展現機關能得到的具體好處。從好處回推價值是什麼，並逐項展開策略對應的目標、方法和執行細節。

▍團隊優勢

　　配合上個章節決定的決勝點,以及機關能獲得的價值,回推公司規模,專案團隊需要多少人力,人力配置、專業度與外部資源。

◆ 呈現公司的價值

　　人員組成展現價值,機關能得到什麼具體好處?通常機關最怕標案無法達到既定的 KPI,而每個階段性目標,都有賴於公司整體的能力。

　　怎麼展現公司的整體能力?當然得從公司的優勢出發。優勢無關忽規模大小,公司大也可能現金流周轉不靈,隔天就申請破產;小公司則是靈活多變、強調專業,專案管理能力不會亂來,更不會搞失聯,機關也不怕找不到人。

　　再來,畫出完整的服務矩陣,過往客戶眾多,就用圖表來分類群,圖示給人有經驗的專業感,配合人力結構統計與品質管理政策。

　　公司優勢、服務矩陣、品質管理政策都用公司理念、願景做整合,理念是秉持價值觀,例如重視環保、二度就業婦女權益;願景則是創辦人希望把公司帶往什麼方向,可能是零碳排的綠色企業,或是能直接回饋弱勢團體的社會企業等。

只要網路上搜尋「公司優勢」、「服務矩陣」、「品質管理政策」關鍵字，電子書、報導的文字和圖像都有，不妨從中汲取靈感來撰寫。

◆ 搞定外部顧問和合作單位

顧問是我們公司與業界的橋梁，很多案子是看顧問是誰。例如找到評審們的老長官或業師，在簡報時現場又肯露臉坐鎮廠商席位，評審其實不太敢造次，可以說顧問找對人還滿重要的。

前面有說到，搞清楚真正的需求說明是一種情報戰，裡面很重要的是釐清「利害關係人」，指涉哪些派系的不合，地域關係或技術的餅誰在分，要摸清楚界線。相對於系統、工程界看中技術、風險控管、勞安與品質管理，文化界則是壁壘分明，可能過個濁水溪就是楚河漢界，老師和學生在評選場內，可能是互換為臺上簡報人與臺下評審，老師跟老師之間是否不合，用字遣詞看幾個關鍵字就知道。

顧問找對人真是如魚得水，提案的得標機率非常高，要是找錯了人，評審正好是臺下顧問的死敵就不太妙了。

合作單位最好找學校或財團／社團法人，不要找公司，此外，協會的名字在臺灣社會給人比較正面、有公益的形象，公

司則是吃人夠夠、唯利勢重。儘管這些都是偏見，可是偏見的確會影響場內的風向，不得不考慮在提案內。

地方機關強調在地性，最好活動地點就在機關旁邊，或是有 PM 長期駐點，隨時找得到人，這在乎與機關的即時溝通與風險排除。在字裡行間強調增加在地就業機會，不同於其他公司會外包，我們則是長期僱用等等。

系統案則是看重跟國際水準接軌的程度，裡面就要用很多系統架構圖、流程圖規格表單來說明。直接複製貼上規格表單，會給人很外行的感覺，字裡行間要換過詞彙統一，表格依照決勝點重新組合。

請來的顧問夠資格，也可能是日後的評審。之前就有被評審抓到把柄的經驗，那位評審在該領域是常勝軍，連該公司每個 PM 的名字、正在做什麼案子都知道，早上還在審他們家的期中報告，下午特地搭飛機趕過來。

建議書寫得中規中矩，同問同答時，這位評審直接念一長串，某某 PM 正在做什麼案子，現在在場內的報告人，也是其他兩個案子的 PM，這個案子你們當然有能力承接，可是真的有辦法還抽掉人力做出相同品質嗎？評審還強調，不要以為他是其他付費案子的顧問，這個案子就會幫忙，他還是很在意名聲的。

這也引申出一個慘痛經驗，不要自作聰明，把曾經合作過的顧問列表，直接放在建議書的附件，附上跟本案合作的同意書就好，我們永遠不知道曾經的顧問，是否為這次的外部評選委員。

◆ **執行本案的實際團隊（小公司可能就全員下去行動）**

公司最珍貴的資源不是設備、專利（儘管都很重要）而是人，人才是構成一切的要素，讓人安心的保證，讓人覺得標案交給你，公司不會砸鍋，這樣的感覺由三個方面呈現：

1. 人力組織圖。
2. 學經歷列表構成。
3. 人力、技術整合圖：技術魚骨圖（技術有配合工程師、技師名字），或是技術圓盤放射圖（工程和系統案比較常見）。

評審是怎麼從這三個圖表看到讓人安心的感覺？

從人力組織圖中可以看出，計畫主持人有無從業多年，該領域的證照甚至是該領域的講師，或是有沒有承接教育訓練。底下人員執行本案的特殊性，可能是系統開發，卻只有一位工程師；活動企劃只有待聘的工讀生，在各個專案組會讓人感到不可靠。

　　組織圖底下的部門分工，可看出專案能力、專業度以及對標案的了解程度，組織圖列出工作職掌，內部人員姓名不重複，不然會有人力不足、隨便找人上場的感覺。

　　而學經歷列表中，學歷和專案經歷都和本案有直接相關，沒有政府經歷就用民間。有管理師證照會顯得更專業，工作分配有 PMP 專案管理證照專業作法，會讓人感到更值得信任，引申到市場長期發展與產學合作的初步規劃。表單後面用勤前教育或是教育訓練的課程表，補充學經歷表中證照、經歷的不足之處，表示一直有在進步與控管專案現場。

　　關於人事，可以分享一個觀念，一群人在任何組織內做事，一定會留下紀錄和文件，因此講到文件管理制度，跟專案管理師的關係連接，整個團隊能夠承先啟後，能承接前面的計畫，後面又能幫忙爭取來年預算，讓長官有面子、有升官的機會。人事中看似不重要，但委員時不時會問有勞安的風險評估專業專職。

風險

　　連出門逛夜市都有可能發生車禍，做案子同理一定有風險。風險控管的概念已經超過百年的歷史，討論風險類別、轉嫁、把傷害降到最低的規範及方法非常多，可以先參考風險管

理書籍內部的基本定義，針對適用範圍，改寫部分內容當作遵循原則，再量身訂做本案的施行細則。

　　風險評估大概不脫離以下項目：天候、交通（延伸出的移動困難）、設備毀損、大量資料備份、資訊安全、人員、進度落後、職災、不可抗力因素、疫情、保險（團險、意外責任險）……

　　再來是隱形成本的計算，這不用算在建議書內，自己知道就好，要回到成本計算中，檢討進度落後怎麼辦（光是重審報告書恐花費破萬的印刷費，影片重拍的交通通勤費與設備運輸費）、各項意外導致成本上升，尤其跟承辦合不來，得想辦法找對的人溝通，這也是一筆費用，機關手中沒有辦活動要用的關鍵資料，沒給怎麼辦。

與 AI 協作寫服務建議書

如何利用 AI 助力讓新手迅速完成首份標案建議書？

　　在當今數位時代，能否熟稔掌握 AI 技術已成為各種領域發展的重要助力。特別是運用 AI 協作撰寫企劃書，不僅能提高效率，更能從大數據中挖掘出有價值的資訊，使企劃更具前瞻性和創新性。AI 能夠快速分析市場趨勢，預測未來發展，幫助企業做出更精準的策略決策。

　　此外，AI 還能自動修正語言錯誤，提供最佳的文案建議，使企劃書更具說服力。總之，未來是人類與 AI 共同合作撰寫企劃書，是提升企業競爭力的關鍵步驟之一。

　　新手最常面臨的挑戰是難以起草第一份完整的建議書，而 AI 的加入正好能助你一臂之力，迅速打造出初版標案企劃書。

　　選擇房地產就三個要件：Location, location, location，寫企劃也是同樣的道理，重點簡單一句話：**價值、價值，還是價值**。在 AI 協作的世界中，關鍵是讓 AI 擔任某個角色，並從該角色切入思考問出適當的問題。問出適當的問題則依賴「提示」（Prompt）的問法。

　　儘管 AI 技術已經相當先進，但它仍然是我們的「助手」，而非取代者。它無法完全模仿人類的思考和商業判斷。因此，如何正確地對 AI 提問，即所謂的「提示工程」（prompt engineering），成為確保獲得有價值回答的關鍵。

　　什麼是 Prompt？簡單來說，就是我們對 AI 提出的問題或請求。提問的品質直接影響到 AI 的答案對我們來說是否合適。一個不夠精確的 Prompt 可能會讓對話變得模糊、沒有焦點，從而降低 AI 的回答品質。

　　因此，學會正確地提問，確保問題的明確性和具體性，是利用 AI 技術獲得最佳效果的關鍵。對於有興趣深入了解的人，只需搜尋「提示工程」，就可以找到大量相關的教學和資源。

▌與 AI 協作撰寫企劃書的注意事項

　　本節專為政府標案新手設計，旨在引導如何運用 AI 技術來撰寫出色的標案建議書。特別推薦給初創者、獨資企業家或家族事業。透過 AI 協助，你將能「大幅縮短投標時間」，降低人力成本，並在評審前持續展現專業形象，留下深刻印象。

　　AI 的協助僅能幫助不熟悉標案的一人公司「快速產出第一個版本」的建議書，之後數次的迭代修改依靠人類的經驗、

知識與技能，沒有靠 AI 就能美化服務建議書從此順利得標這種事。

有人可能會憂心 AI 是強大的美化工具，讓不合格的人得標。使用 AI 技術確實能提升投標計畫的效率，但若得標的廠商本身資源不足，例如：缺乏資金、人力或技術，那麼僅憑 AI 技術是不可能確保工程能夠準時、高品質完成的。

而當大部分投標者都「僅僅」使用 AI 技術撰寫計畫時，計畫的內容或許會出現雷同的情況。此外，雖然計畫書是投標的重要部分，但在審標過程中，除了計畫內容外，還會考慮其他多種因素。

有了 AI 就會讓不合格的廠商得標，這完全是杞人憂天。沒有實際的執行經驗和適當的時機、地點、人員配合，再完美的企劃書也難以打動機關和外部評審。因此，我在這節中主要想強調的是，AI 技術能幫助初學者快速完成投標計畫的「初稿」。

對於許多人來說，即使是使用 Word 這樣的基礎工具都感到困難，因此從零開始到完成一份能夠獲得評審信任的計畫，其間的差距就如同地球與火星的距離，相當遙遠。

我明白有些資深的標案專家可能對我的觀點持有批評的態度，但我們所服務的客群是完全不同的。那些能夠熟練撰寫

建議書的專家大多是具有專業背景的白領，而我接觸的很多客戶，甚至連基本的表格操作都不熟悉，他們是真正需要 AI 技術來提升工作效率的藍領老闆。對他們來說，AI 不僅是一項技術，更是改善生活的利器。

在以下小節中，我們將深入探討如何與 AI 合作撰寫企劃書，並詳細說明如何利用 AI 找到撰寫建議書的最佳策略。每個小節會協助探討企劃書的各個細節，幫助你解決在投標過程中可能遇到的困難。

要成功得標，首先必須獲得評審的信任。他們要確信你是值得信賴的合作夥伴。建立這種信任的方式有很多，其中「品牌價值」是一個關鍵指標。在政府標案的世界中，頻繁地展現在評審面前是非常重要的，這也是行銷的基本原則。

對於新創企業，建議你們專注於特定市場，大量投標。從過去的經驗中，我發現成功的企業都會持續檢視自己的策略，並每週至少投標一次，不論結果如何，都會進行反思，避免未來的障礙。

另外要注意的是，有人說會網路和書會被 AI 取代，再也不用從搜尋引擎拼湊出想要的答案，AI 直接用自然語言告訴你；再也不用從書中找答案，問對問題就能生成一本書。這個前提是 AI 的資料庫內的資料是正確無誤的狀況，很多時候

會睜眼說瞎話，我們還是得多多讀書與查找網路由人編寫的知識，AI 是助手的角色，能幫人類快速彙整看似龐雜的資料與協助推理，卻完全不能代替我們做出具有洞察力的商業決策。

▍與 AI 協作資料外洩抄襲的疑慮

◆ 關於洩密問題

依照我之前的使用經驗，絕不會將業主的私人資料直接輸入 AI 系統。首先，這樣做是完全沒有必要的，因為我們的目的是為了萃取知識，而不是取得私人資訊。其次，這種行為是「絕對禁止」的。

我們在構想企劃書策略時，都是基於知識萃取的思維架構，並且在 AI 生成的內容基礎上進行大幅度的手工調整。我們不僅僅是簡單地移除關鍵字，而是進行深度的內容優化。對於經常撰寫企劃書的專家，這種方法的真正意義不言而喻。

◆ 關於抄襲問題

AI 的優勢正是在於能夠對網路上的公開資料進行重新詮釋和整合。我所使用的方法是將公開資料輸入 AI，並讓其進行語言的重組和整合，這樣生成的內容不僅是原創的，而且完全避免了抄襲的疑慮。

▌五個提問等級：與 AI 共舞，精準提問的藝術

在與 AI 的協作撰寫企劃書的過程中，如何提問是一門藝術。精確的提問不僅能幫助我們更深入地理解問題，還能迅速找到最佳的解決策略。為了讓大家更清晰地掌握提問的技巧，我們將問題分為五個等級，從基礎到深入：

1. 知識型問題：這類問題尋求事實性的答案，答案通常簡單明確。例如：「什麼是 GDP ？」或「什麼是宏觀經濟學？」

2. 解釋型問題：這類問題需要深入解釋某一概念或事件。例如：「通貨膨脹如何影響國家經濟？」或「二次大戰對 20 世紀的影響是什麼？」。

3. 應用型問題：這類問題考驗回答者的實際應用能力，例如：「面對高失業率，政府應該採取哪些政策？」。

4. 分析型問題：這類問題需要從多方面進行深入分析，例如：「過去十年，哪些因素導致了房價的上升？」。

5. 綜合型問題：這類問題要求回答者綜合多方面的知識，提出創新的見解，例如：「考慮到全球化和科技發展，未來金融業的趨勢將是如何？」

◆ **精準提問的祕訣**

利用 AI 的強大功能，我們可以從不同的角度提問，得到更全面的答案。但要得到精準的答案，首先需要精準的提問。以下是一些建議：

- **確定角色**：明確告訴 AI 你希望它扮演的角色，例如：「你是一名金融分析師……」
- **明確目的**：說明提問的目的，例如：「我希望能更深入了解股市的運作……」
- **情境設定**：提供具體的情境，例如：「用一個日常生活的例子解釋股票交易」
- **格式要求**：明確告訴 AI 你希望的答案格式，例如：「請用五句話總結……」
- **範圍界定**：提供參考資料或範圍，例如：「參考最近的經濟報告，分析臺灣的經濟趨勢。」

只要掌握這些技巧，與 AI 的協作將更加順暢，提問的藝術也能得到更大的發揮。

▌五個等級問題的藝術：從模糊到明確的提問之旅

◆ 知識型問題

Prompt：你是小學老師，我想要讓對經濟學一竅不通的你快速入門。請你以小學生能夠輕鬆理解的語言，分成三個段落，分別為我解釋供需、市場和通貨這三大基礎概念，並給出生活中的例子。

◆ 解釋型問題

Prompt：你是小學老師，我想要讓你深入了解經濟學的基礎原理。請你以格林童話的故事風格，分成五個段落，詳細解釋供需平衡的原理以及它如何影響市場，並給出生活中的例子。

◆ 應用型問題

Prompt：你是商業顧問，我想要幫助公司在經濟困境中生存下去。請你分成四個段落，描述一家企業如何運用經濟學的原理來應對通貨膨脹，並提出具體的策略和行動建議。

◆ 分析型問題

Prompt：你是商業顧問，我想要幫助公司佈局未來的商業活動。請你分成六個段落，從多個角度深入分析全球經濟衰退對

企業的影響，包括市場需求、供應鏈問題、成本控制和企業的競爭力等。

◆ 綜合型問題

Prompt：你是商業顧問，我想要為公司提供全球經濟情勢的深入分析和建議。請你用小學生能理解的方式，分成五個段落，描述全球經濟衰退的現狀，並提出企業的競爭策略建議，如創新、成本控制等。此外，請參考近三年的 SCI 和 SSCI 期刊，整理出經濟衰退的最新研究趨勢，並試著將這些研究應用到你的策略建議中。

另外要注意的是，通常問第一次的問題很難出現理想的答案，要不斷地提問，這個動作叫做「**疊加指令**」。

疊加指令持續問問題時，最重要的是要跟 AI 講「我不要什麼」這點超級重要。

例如：對前面版本答案不滿意，就要下命令去除不滿意的性質，假設覺得不要寫得這麼文鄒鄒，就直接講「整段文不要文謅謅」。

◆ 結語：提問的藝術

透過這五個等級的問題示範，我們可以看到，一個好的問題不僅需要明確的目的和角色定位，還需要具體的情境、格式和範疇界定。只有這樣，我們才能更有效地引導 AI 給出我們真正需要的答案。

事實上，成功得標政府專案並不只是依賴於服務建議書的內容。這就像駕駛一輛汽車從基隆前往墾丁，不僅需要強大的引擎，還得確保輪胎完好、油箱充足，以及駕駛人的技術熟練。

若僅專注於建議書的內容，就如同誤解汽車的運作原理，以為只要有四個輪子就能移動。但實際上，要確保生意獲利，尤其是與政府這種特殊的客戶合作，除了建議書，還得確保其他環節如油箱、引擎等都完善無誤。

簡而言之，對於民間企業而言，撰寫政府標案的服務建議書只是建立公平合作的起點。為了確保業務成功，我們還需關注其他多方面的因素。

一份出色的政府標案服務建議書應該具備三大特質：攻擊性、完整性和創意性。

- **攻擊性**：我們需深入了解政府機關的真正需求，並提供具體的價值方案。

- **完整性**：從問題到解決策略，我們的建議書必須全面且不留死角，確保方案的完整性。
- **創意性**：我們應該不斷創新，提供與眾不同的解決方案，為政府客戶帶來新的價值。

　　在 AI 的新時代，人工智慧與人類的協作為企劃內容創作帶來了翻天覆地的變革。過去，即使是經驗豐富的專家，也需要花費大量時間撰寫初稿。但現在有了 AI 的協助，即使是新手，也能在短時間內完成高品質的初稿。

　　AI 的協作不僅能夠幫助小型企業快速產出邏輯結構完整的描述，還能夠處理大量數據，提供有價值的分析和見解。例如，利用 AI 技術分析市場和競爭對手，企業可以更精準地制定策略。

　　使用 AI，小型企業可以在數分鐘內自動生成高品質的草稿，而不再需要花費數小時。這意味著我們可以更專注於優化內容，甚至提早完成工作享受生活。

　　最後，AI 的協作還能夠提高小型企業的內容協作效率。例如，利用 AI 自動分配任務和進行內容審核，可以大大提高團隊的工作效率和內容品質。

▌利用 AI 技術，精準遵循 M.E.C.E. 原則進行商業分析

在商業策略規劃中，M.E.C.E. 原則是確保問題分析的完整性與獨立性的核心方法。它幫助我們面對錯綜複雜的商業挑戰時，能夠將大問題細分為多個子問題，進而更有系統地進行深入探討。

當我們採用 M.E.C.E. 原則進行問題分析，首先從最宏觀的層面開始，逐層向下細分，確保每一個子問題都是獨立且完整的。在此過程中，我們需要特別注意兩大要點：「完整性」與「獨立性」。

- **完整性**：確保在分析過程中，每一個子問題的總和完美匹配原始的大問題，沒有任何遺漏。
- **獨立性**：保證每一個子問題都是獨立存在的，避免子問題之間有交集或重疊。

M.E.C.E. 分析法中，我們主要採用「**加法拆解**」和「**乘法拆解**」兩種方法。以「提升個人年收入」為分析題目，我們可以這樣思考：

「加法拆解」將「提升個人年收入」分為「主要收入 + 副業收入」，但可能會忽略「投資收益」這一部分。

相對於加法拆解，「乘法拆解」則更為精確，例如將「提升個人年收入」分解為「提升價值 x 提升客戶付費意願」，

這種方法更能確保問題的完整性和獨立性。

　　我們再以經營珍珠奶茶店為例，若客戶反映奶茶味道不佳，我們可以從以下五大方面進行 M.E.C.E. 分析：

1. **主、客觀問題**：區分客戶的反饋是基於事實還是主觀感受。
2. **製作方法**：檢查奶茶的製作流程、配方比例是否正確。
3. **原材料品質**：確認使用的奶粉、茶葉等原材料的新鮮度和品質。
4. **營銷和服務**：評估品牌形象、服務品質是否達到標準。
5. **消費者口味**：了解目標客群的口味偏好，確保產品能滿足大部分消費者的需求。

　　總結而言，M.E.C.E. 分析法是一個強大的工具，不僅適用於商業分析，也可以廣泛應用於其他領域。透過 AI 技術的輔助，我們可以更精確、高效地進行 M.E.C.E. 分析，從而找到問題的根源並提出最佳解決方案。

▍與 AI 協作寫服務建議書得標的前提條件

　　在成功的提案背後，除了運氣因素外，更多的是「天時、地利、人和」的完美結合。以下用修剪樹木的成功提案進行詳細分析，供你參考：

◆ 成功提案的五大關鍵因素

1. **開口契約的特性**：這次的案例是開口契約，意味著沒有固定的查核點和甘特圖。若沒有相關經驗，可能會對此感到困惑。

2. **評審的熟悉度**：評審都是業界的資深專家，而業主擁有超過 15 年的專案經理經驗，且經常參與公開講座和訓練，留下深刻的印象。

3. **完整承包能力**：業主具備完整承包整個案子的能力，這是成功得標的最大關鍵。她在前公司擔任專案經理超過 15 年，案子從開始到結束都沒有瑕疵。

4. **對任務標的的熟悉度**：業主對於任務標的的了解甚至超過了評審，對於地方事務的細節更是了如指掌。

5. **在地廠商的優勢**：在地性是得標的一大優勢，因為大部分的評審都認識業主，且認為業主與任務標的的距離近，隨時都能聯繫到。

◆ 與政府合作的二大步驟

1. **評估成本**：在考慮與政府合作時，首先要評估包括人力、財務在內的所有成本，以確保合作能夠帶來最大的利益，特別是隱形成本，例如被退件的報告書印刷費、拜訪各單

位的交通費，這些都不是明面上的開銷。

2. **具體的查核點**：由於政府機構有許多規定和程序，我們必須清楚了解這些要求和時程，以確保合作能夠順利進行，明確知道在多少日曆天要交什麼報告，提出會議紀錄，讓網站上線等等。

▎讓提案的三個絕招：價值、價值，還是價值！

為了成功的提案，核心關鍵字就是「價值」。當你決定踏出創業的第一步，成為一名老闆，尤其是一人公司的領航者，每一天都充滿了挑戰。你可能會不斷地尋找下一位客戶，擔心下個月的薪水發放，或是為了趕在銀行結束營業前完成交易而心急如焚。對員工來說，週一可能是最令人沮喪的一天，但對老闆來說，每一天都可能是充滿壓力的。

在這競爭激烈的商場中，如何在眾多標案中脫穎而出？有人曾說：「世界上原本沒有路，但當有人走過，就成了路。」

可是這句話其實還有下一句：「如果走的人太多了，最後也沒有路了。」

如果每個人都走同一條路，那麼這條路最終將不再存在。真正的成功不是來自於模仿他人，而是來自於創新和提供真正的價值。

　　想像一下，如果你賣的是可樂，那麼可樂的真正價值是什麼？它不僅僅是一瓶飲料的價格，而是它所帶來的歡樂和快樂。這就是真正的價值。與 AI 合作，我們可以更深入地探索這種價值，找出真正滿足客戶需求的產品或服務。

　　客戶價值不僅僅是財務上的回報，更重要的是非財務上的效益，例如提供更好的客戶體驗或提高工作效率。當顧客感到他們所購買的產品或服務的價值超過他們所支付的金額時，這就是真正的物超所值。

　　例如，如果你是一名健康零食店的老闆，你的價值可能是提供既美味又健康的零食，滿足顧客的口腹之慾，同時也照顧他們的健康。或者，如果你是一名旅行顧問，你的價值可能是提供一站式的旅遊規劃服務，幫助顧客省去計畫行程的麻煩，讓他們可以輕鬆地享受旅行的樂趣。

　　無論你的業務是什麼，核心目標都是提供真正的價值，滿足客戶的需求，並讓他們感到物超所值。這是每一位企業家和業者都應該追求的目標。

怎麼與 AI 協作找到價值？

　　那我們怎麼透過與 AI 協作問出這個案子到底要如何提供價值呢？

我推薦用《價值主張年代》的顧客素描圖解和價值地圖。先讓 AI 扮演某個角色，帶入情境後，把「顧客素描圖解 + 價值地圖」架構附在後面問 AI，就像以下 prompt 範例：

你是商業模式專家，用以下內容結構解析一家景觀園藝公司針對修剪樹木的業務如何生存下去：

【顧客素描圖解】

工作目標：客戶在職場和日常生活中希望達成的目的。

遭遇障礙：在追求工作目標時，客戶可能會遇到的風險、挑戰和不利情況。

期望效益：客戶追求的理想結果或他們希望得到的具體好處。

【價值地圖】

產品與服務組合：基於價值主張而設計的完整產品和服務範疇。

痛點緩解策略：旨在幫助客戶減少或克服他們所面臨的問題和困境。

效益增強策略：旨在為客戶帶來更多的好處和價值。

我把其中一個 AI 回應不錯的版本提供如下：

【顧客素描圖解】

工作目標：

顧客需要修剪樹木，以美化庭園或保持樹木健康成長。顧客需

要定期進行樹木修剪，以防止樹木成長過度、影響周圍環境或安全。

遭遇障礙：

顧客可能缺乏相關知識或技能，無法自行進行樹木修剪。樹木修剪可能存在風險，如攀爬高處、使用工具時受傷等。顧客可能需要投入大量時間和精力進行樹木修剪，尤其是對於大型庭園或樹木。

期望效益：

樹木修剪可以讓庭園更加美麗，增加房屋或商業建築的價值。定期進行樹木修剪可以防止樹木過度生長，保持庭園整潔有序。樹木修剪可確保樹木健康，促進樹木成長，防止病蟲害。

【價值地圖】

樹木修剪服務：包括定期進行樹木修剪，根據不同的樹木種類和庭園需求進行修剪。樹木健康檢測服務：定期檢查樹木健康狀況，並提供相應的建議和治療方案。

樹木移植服務：將樹木從一個地方移植到另一個地方，保證樹木健康成長。

提供專業的樹木修剪服務，解決顧客缺乏相關知識或技能的痛點。提供高品質的樹木修剪工具和保護設備，減輕樹木修剪過程中的風險。提供快速、高效的樹木修剪服務，節省顧客時間和精力成本。

提供美化庭園提供樹木健康成長的保證，讓顧客不需要擔心樹木的健康問題。提供專業的樹木移植服務，幫助顧客實現庭園

設計的需求，並增加樹木成長的機會。在這個商業模式中，景觀園藝公司的主要收益來源是提供樹木修剪和相關服務，以及樹木移植等其他增值服務。

為了提高收益，公司可以通過提供更多種類的樹木修剪服務和增值服務，擴大客戶群，同時可以考慮定價策略，如設置不同的方案和價格選擇，根據顧客的需求和預算來制定相應的計畫，從而提高顧客的滿意度和忠誠度。

　　以對園藝什麼都不懂的完全入門人來說，從 AI 生成的價值初稿我們可以知道基本的方向：第一個是根據不同的樹木進行修剪，尤其是大型樹木，第二是樹木健康的問題，第三是移植的情境。

▌顧客的真實需求

　　當客戶希望進行提案或企劃時，他們往往只能描述出表面的症狀，而非真正的問題。他們期待從提案中得到的好處，往往是一個具體的畫面或狀態。例如，他們可能心中有一個理想的園藝景觀畫面，但不知道如何達成。

　　挖掘真正的問題要真正理解客戶的需求，我們需要深入問問題，了解他們真正想解決的是什麼。這裡的技巧是持續地問「為什麼」，但在臺灣的文化背景下，直接問「為什麼」可

能會讓對方感到不舒服。因此，我們可以使用第三人稱的方式，或者利用 AI 技術來問這些問題。

▌AI 的價值

AI 可以幫助我們更深入地了解樹木修剪的各種問題，例如不同樹木的修剪方法、樹木的健康問題，以及移植的情境。對於初學者來說，他們可以利用 AI 生成與「修剪」相關的 100 個關鍵字，然後結合這些關鍵字去圖書館查找相關書籍。從中我們應該會發現「十二不良枝」這一重要的關鍵字。

◆ 深入了解「十二不良枝」

知道了「十二不良枝」這一關鍵字後，我們可以進一步探討相關的問題，例如：如何執行修剪的標準？不同地區的作業規範是否有所不同？不同樹種的修剪方法是否有所不同？如果對這些問題的答案感到困惑，我們可以請 AI「以小學生的方式解釋」，這樣就能得到更容易理解的答案。

◆ 提案的三大要素

在撰寫提案時，我們應該確保每一部分都具有三個特質：攻擊性、完整性和創意性。攻擊性是展現價值，完整性則是確

保我們考慮到所有相關的問題和情境。至於「M.E.C.E.」，它是一種確保我們的討論完全窮盡且不重疊的方法。我們可以使用九宮格的 5W3H 來組織我們的思考，並列出事情的前提條件、價值、成本、風險和未來的機會。

我當初用類似的 Prompt 如下：

> 你是商業顧問，用一人公司經營個人品牌的角度說明在撰寫「修剪樹木＋公共廁所環境清潔」的提案企劃書，任務標的是臺北市信義區的安康公園，公園內有福木、吉野櫻、流蘇、茄苳、榕樹、阿勃勒、大王椰子、光蠟樹、樟樹、黑板樹、盾柱木、鳳凰木、水黃皮、臺灣欒樹。
>
> 請依序提出用十二不良枝的安全作業準則、勞安規範、修剪樹木的方法、修剪樹木總體理論說明、品質管理、風險管理來說明。

◆ 依照章節拼拼圖

專業的初期表現是關鍵字中知識點跟點的連結，最後三點成為一個面。初學者是連結力還在成形中，不知道彼此的關係，剛開始不用氣餒。

這跟助理說要扮演角色和下的提示 prompt 一樣。寫建議書也是在拼拼圖，把章節大綱先開出來往裡面塞內容。我運用

上面的邏輯推導出第一版各個章節的 prompt 提示都列出來供你參考，答案不好就持續追問到滿意為止：

各個章節的 prompt 要寫出：

1. AI 扮演的角色

2. 情境

3. 你的期待

4. 餵給 AI 的參考資料，這樣輸出的內容才會精準。我用的資料都是網路上找得到的，例如交通維持計畫就找網路上的監造計畫書範本。

未來會有更多更好用的 AI 軟體出來，這邊以 ChatGPT 為例，關於字數控制小技巧，當我們希望 AI 生出大概多少中文字字數的段落它通常都不聽話，原因是它目前只認得 token。

一個繁體中文字約略是 2 個 token，因此要生精確字數的段落，當下又懶得開網頁去 token 網站查的話，直接把要生的中文字數乘以 2 後說要用多少 token 產出即可。

項目提示一覽表

項目	提示 Prompt
預期效益	你是商業顧問、政府採購法的專家，為了把「修剪樹木」的提案企劃書呈現給客戶價值，在修剪樹木的預期效益分成「量化」、「質化」兩段，量化用表格說明，質化的解釋並提出具體範例。
定義 核心主旨	你是商業顧問、政府採購法的專家，本次作業標的是臺北市信義區的安康公園，為了讓公園內的「修剪樹木」作業符合公園處要求廁所清潔維護及樹枝定期修剪，參考以下文字寫出本案的核心主旨。
計畫 目的與目標	你是商業顧問、政府採購專家，以臺北市樹木修剪規範為架構，搭配「百年傳統，全新感受」的精神，重新詮釋以下文字介紹本案目標，並以繁體中文輸出。
工作計畫	你是政府採購專家、園藝公司修剪樹木專案經理，藉由十二不良枝讓臺北市信義區安康公園讓民眾能安心休憩，以繁體中文輸出 2000token 的詳細企劃，細節都要顧慮到不能籠統，特別是場地規劃要有非常詳細的路線說明，作業流程也要有詳細步驟與具體說明。

公司簡介	你是商業顧問，針對臺北市信義區安康公園，用一人公司經營個人品牌的角度詮釋「修剪樹木的公司簡介該怎麼寫」，全文用中文輸出完畢後，並加上今天就可以做的 10 個步驟來著手。 需注意當需要提到「你」時，改成「本公司」，不用介紹自己是商業顧問簡介。
施工原則	你是商業顧問，針對臺北市信義區安康公園，用以下臺北市樹木修剪作業規範列出本公司的施工原則。
自有設備	你是修剪樹木專家，針對臺北市信義區安康公園，依照「樹木修剪器具類別」、「手動、機動」、「工具名稱」、「應用方式」、「作業注意事項」的表格呈現。
施工流程與注意事項	你是商業顧問，參考以下文字內容，針對臺北市信義區安康公園的修剪樹木列出工作流程中步驟的作業事項。
勞安	你是商業顧問，針對臺北市信義區安康公園，用以下資料寫出本案的勞安規範。
風險管理	你是商業顧問，針對臺北市信義區安康公園的樹木修剪，用以下文字列出本案的風險管理機制。
保險	你是商業顧問，針對臺北市信義區安康公園的樹木修剪，用以下投保規劃範例定出本公司的保險策略與危機處理方法。

交通維持計畫	你是工程顧問,針對臺北市信義區安康公園修剪樹木交通規劃,參考以下監造計畫書章節訂出本案交通維持計畫。
CSR 企業社會責任	你是商業顧問,針對臺北市信義區安康公園,用一人公司經營個人品牌的角度參考以下資料詮釋企業社會責任。

知識萃取與運氣

本篇案例的得標建議書,我用 AI 生出堪用的第一版文字草稿,加上在圖書館找書翻目錄,完全沒讀內文的時間不超過六個小時,用這份文字草稿跟業主反覆討論、修改,加上架構圖、流程圖、附件與格式調整,不到兩天就能完整生出來,大家可以試試看,還滿有意思的。

第五章

該怎麼開始？

▌建立心態 1：品牌思維

　　身為沒有政府機關配合過的小公司，要怎麼跟政府做生意呢？提案做生意最重要的是什麼？信任！相信本案交付給你，可以做得很好……感覺上。上述說到業務要定期與客戶機關單位確認真正的需求，以我的理解來看，其底層邏輯符合內容行銷中講求「信任」的原則。我有限經驗整理出的政府標案得標公式是：

機關單位與外部評審的信任＝

（感覺長期經營的印象＋內容完整性＋提案攻擊性）X
關鍵人物

　　寫服務建議書前，先在該領域找 10 本入門書來讀。假設是跨領域的案子，比如這個案子是辦理某個地方港口的海洋音樂祭，這就是跨港口發展和海洋音樂祭至少兩個領域。因此我們要找地方發展史、地方人物誌、當地現任里長，以及海洋音樂祭在臺灣的發展，再到這個地方的關係。

　　港口發展和海洋音樂祭，都有各自 10 本的入門書，找出來快速主題式閱讀一遍，把重要的利害關係人找出來對答案，特別是在該領域的重要人士，要聘請為長期顧問。

建立心態 2：把餅做大的共好賽局

　　跟政府做生意非零合遊戲，而是把餅做大的共好賽局。不用怕跟潛在對手討論商業模式，能被馬上抄走的，根本不能稱作專業，特別是跨三個領域的獨特專業更不可能，況且你最終目的是要建立品牌，品牌怎麼可能會被抄走？

　　跟商場上與每個人都打好關係，不用起衝突，畢竟來日方長，大家都有互相合作的機會，甚至日後得標，獲得機關長期信任後，還能協助規劃更大的案子，讓大家都有錢賺，何樂而不為？

　　把餅做大本身，也是對商機背後真正問題的洞察能力。問題的英文是「question」，前面五個字母是 q-u e-s-t，英文自面意思是探索，隱含著探索的意思。

　　世界上很多的創新，都來自一個好問題，就像賈伯斯問一個看似白痴的問題：「為什麼電腦一定要有風扇？沒有風扇就不能散熱嗎？」這樣的白痴問題，造就了正在用來打這段文字的 Mac 電腦。

　　當年 Dell 電腦的創辦人麥可戴爾也問，為什麼當年的電腦會這麼貴？這個大哉問讓銷售模式改變，使得日後的電腦售價大幅降低，也壓縮了成本。有些人提出那些看似理所當然的問題，就打破了原有假設。

　　好的問題本身就是答案，問題可以決定框架，當問題變了，思考答案的範圍和方式也會產生天翻地覆的變化。

　　認識問題的本質，可以說是發現事物的某個方面，某個環節跟腦內的思維模型有衝突，覺得反常不太對，沿著這個怪怪的感覺順藤摸瓜問下去，很有可能發現一個好問題，問出關鍵問題，能成為探索更多商機的起始點。

▌企劃練習

　　確定自身價值，找到獨特定位，平時業務以企劃形式視覺化，5W3H 一頁企劃和預期效益新聞稿。

　　前面有提過，要培養至少三門的跨領域專業，找到自身獨特的小眾市場，建議從「強調在地的特色的最有利標」開始練功。

　　平時頻繁寫提案／企劃的道理，跟原子習慣的刻意練習非常相似。我們還是要時常練習，練習是不舒服的，也唯有如此，才能持續自我成長，走向人生開掛的局面。

　　這邊請你用「一頁企劃」的方式，無論要投什麼案子，先用一頁企劃的角度寫下「5W3H」，用九宮格還是用條列式都沒問題，把這些內容手繪畫成一張結構圖。

　　再來是呈現價值，運用最小可行性產品（M.V.P.），模

仿產品服務發布會，用幾百字寫出客戶能預期具體得到什麼好處。傳統的最小可行性產品作法，是先做電動滑板車放到市場看有沒有要買，再逐步往前完善功能，從滑輪車到摩拖車，最後才是汽車。

如果還要開發產品還是很麻煩，有沒有不用打造產品就能知道市場反饋呢？有的！這邊用 Dropbox 的例子來說明，當初人們對雲端服務還很陌生，要完整開發一個核心功能的軟體也不容易，於是就做了幾個宣傳影片放到 YouTube 上，彷彿這軟體已經在市場上發行了。

然後從中觀察用戶的反應，發現人們反應非常熱烈，這很明顯表示這市場是存在的，接著才著手開發產品。在服務建議書領域，則是用類似條列式新聞稿的方式，來模擬客戶因為我們做完這個案子能得到哪些具體好處。

控制成本，持續投標，定期追蹤機關真實需求

要得標不可能三天捕魚兩天曬網，要耕耘一片土地，該有的努力不能少，頻繁投標是跑不掉的修練，從中練習控制成本，持續投資自己，是身為一人公司老闆的基本功。

▎沒標到不用覺得氣餒

　　就算辛苦寫企劃書沒有結果也不要氣餒，我們要「聰明地失敗」。以前在大學念歷史系，過去的經驗如同跟古人對答案，但是要學會真正的教訓，就算是失敗的經驗，也有所謂的聰明、成功的失敗。

　　古希臘人色諾芬在《遠征記》中，提到一個有趣的概念：「成功的失敗」，書中記載當年這群希臘雇傭兵，幫小居魯士奪回波斯帝國王位這個目標失敗後，大部分人安全撤退回黑海的希臘殖民地的紀錄。

　　相對於把喪事當成喜事辦，不願面對現實粉飾太平，色諾芬筆下「失敗中的成功」，提供給後人清楚明確的案例分析，經過知識萃取後，產出具體可用的指導原則，具有重要價值。

▎定期企劃健檢：顧問與教練諮詢

　　能否快速自我成長，有賴於頻繁地收到具體的回饋，埋頭苦幹、閉門造車，無疑是事倍功半。

　　去健身房都要有教練陪伴式的刻意練習了，寫提案 / 企劃難道就不需要？如果在公司，怎麼樣都學不會這門技藝，去外面上課還是聽不懂，也不知道該如何下手，光是開啟 word 就壓力山大，寫不出半個字，非常歡迎與我聯繫。

結語 用三個問題答出你的獨特答案

　　這本書是表達一路上我的誠懇謝意，也是前輩提攜我的一句話「標案只有第一名」的體悟。長期投入政府標案，經營整體品牌價值，都在回答三個最簡單的問題：

- 我是誰？
  →品牌定位。
- 我會什麼？
  →在小眾市場有一群人願意付錢的跨領域專業。
- 別人碰到什麼問題我能幫上忙？
  →我的專業能提供什麼價值。

　　看起來競爭激烈，有很多對手，事實上都是表面的假象，用這三個問題答出了你的獨特答案，加上三門跨領域能給予客戶的價值，都會融入在每一本服務建議書裡，無一例外，呈現整體品牌價值是沒有對手的。

　　非常感謝你讀到最後，我想用科學家卡爾薩根的一句話

來表達我誠摯的感激。

他說：「在廣袤的空間和無限的時間中，能與你共享同一顆行星和同一段時光，是我莫大的榮幸。」僅以這句話謝謝你讀到這邊，向你與這一段閱讀緣分致敬。

如果你一直想做什麼事，需要累積經驗，政府標案企劃書和服務建議書的特殊格式，反而非常適合你。原因有二：

- 原因一：在一頁內講出讓人買單的價值，每次的情境都不同。
- 原因二：用百頁的圖、表、文內容展現專業，這牽涉到知識萃取。

尤其還在一人公司草創階段，想把專業有系統提昇建立品牌，或是你覺得手頭上正在做的事情覺得很自豪，正好可以用知識萃取的方式寫成企劃或內容，造福更多人，非常歡迎與我聯絡。

我只是想拋磚引玉，讓臺灣社會更願意分享寶貴的知識與經驗，如果是標案前輩讀到這本書，覺得被冒犯或是內容有錯誤，還請不吝賜教我這位菜鳥，在關公前面耍大刀非常抱歉。

另外，如果需要發展個人品牌，想寫書、出書，遇到合作出版模式，自己口袋卻沒錢，我可以協助申請青年創業貸款

或是鳳凰貸款。

　　在尚未確定是否該投入政府標案，對自己一人公司整體品牌價值發展策略還是不知道怎麼開始，我後面也有一套完整的品牌顧問群可以協助，請他們擔任你「人生的天使投資人」。

　　有需要的話非常歡迎與我聯絡，或是單純想討論書中內容，想打臉我提供指正，都沒問題。

聯絡方式：

李承殷

Email：cheng.yin.li@outlook.com

電話：0917-996-372

▌參考書目

一、企劃

1. 高橋憲行，《企劃書聖經：靠圖形思考翻身，憑企劃書加薪！》，大是文化出版，2008 年 2 月

2. 朴赫鍾，《老闆說我的企劃是垃圾》，樂金文化，2021 年 7 月

3. 鄭君平，《讓提案過》，商周出版：英屬蓋曼群島商家庭傳媒股份有限公司城邦分公司發行，2021 年

4. 郭泰，《怎樣成為企劃高手：5 個企劃腦、10 項生活特色、7 個預測未來的方法、10 個企劃案實例》，時報出版，2018 年 8 月

5. 郭泰，《怎樣寫好企劃案：8 個簡單步驟、14 個好用的企劃案格式、20 個激發創意的方法》，時報出版，2018 年 7 月

6. 韓明文，《企劃＋》，碁峰資訊，2008 年

7. 櫻田潤，《圖解思考的本質》，精誠資訊，2019 年 3 月

8. 師北宸，《讓寫作成為自我精進的武器》，新樂園，2020 年 8 月

9. 陳立飛（Spenser），《寫作是最好的自我投資》，遠流，2019 年 1 月

二、一人公司與品牌

1. 何則文，《個人品牌：斜槓時代成就非凡的 7 個自品牌經營守則》，遠流出版社出版，2019 年 12 月

2. 賈維斯（Jarvis, Paul），《一人公司》，遠流出版社出版，2019 年

3. 伍越歌，《1000 個鐵粉：打造個人品牌的底層邏輯》，人民郵電出版社，2022 年 3 月

4. 于為暢，3 年《完全訂閱制》電子報，2019 年 7 月至 2022 年 6 月

5. 張亮，線上課程《有效打造你的個人品牌》，得到 APP

6. Joe Pulizzi，《內容電力公司：用好內容玩出大事業》，2016 年 5 月

7. 吳東軒（吳東東），實體演講《【斜槓人生】也許你不是想賺更多錢，而是更快樂自由的工作－開始你的斜槓之路》，2020 年 12 月 29 日

三、創業與商業模式

1. 亞歷山大・奧斯瓦爾德等人,《獲利世代》,早安財經,2012 年 11 月

2. 亞歷山大・奧斯瓦爾德、伊夫・比紐赫等,《價值主張年代》,天下雜誌,2017 年 3 月,

3. Tim Clark, Alexander Osterwalder, Yves Pigneur,《一個人的獲利模式:用這張圖,探索你未來要走的路》,早安財經,2017 年 7 月

4. Adam M. Brandenburger, Barry J. Nalebuff,《競合策略》,雲夢千里文化,2015 年 8 月

5. 王乾任,線上課程《2022 年社群學坊》

6. 周嶺,《認知驅動:做成一件對他人很有用的事》,和平國際,2022 年 9 月

7. 克里斯蒂安・布什,《好運氣製造手冊:從碰運氣到造運氣》,九州出版社,2023 年 5 月

8. 安曉輝、程濤,《副業賺錢之道》,人民郵電出版社,2019 年 12 月

9. 喬・普利茲,《興趣變現:內容營銷之父教你打造有「趣」的個人 IP》,中國人民大學出版社,2018 年 5 月

10. 劉潤，線上課程《五分鐘商學院 - 基礎》，得到 APP

11. 梁寧，線上課程《產品思維 30 講》，得到 APP

12. 薛毅然，線上課程《怎樣找准你的職業路線》，得到 APP

13. 李育輝，線上課程《組織行為學》，得到 APP

14. 康晉晗，線上課程《學習長阿康：突破學習困境與職涯瓶頸的行動指南》，PressPlay 平臺

15. Chris Dreyer，《鎖定小眾》，先覺出版社，2023 年 5 月

四、偷師、覆盤與知識萃取

1. Sonke Ahrens，《卡片盒筆記：最高效思考筆記術，德國教授超強祕技，促進寫作、學習與思考，使你洞見源源不斷，成為專家》，遠流，2022 年 4 月

2. 馬博，《組織經驗萃取》，清華大學出版社，2022 年 11 月

3. 邱昭良、王謀，《知識煉金術：知識萃取和運營的藝術與實務》，機械工業出版社，2019 年 8 月

4. 邱昭良，《復盤＋：把經驗轉化為能力》，機械工業出版社，2015 年 8 月

5. 紀坪，《偷師：拷貝、拆解、上色、拼圖，善用四步驟，去蕪存菁成大神！》，時報出版，2020 年 3 月

6. 羅伯特‧特威格爾，《微精通》，江西人民出版社，2018 年 12 月

7. Todd Rose、Ogi Ogas，《黑馬思維：哈佛最推崇的人生計畫，教你成就更好的自己》，先覺，2019 年 5 月

8. Atul Gawande，《清單革命：不犯錯的祕密武器》，天下文化，2018 年 9 月

9. Anders Ericsson, Robert Pool，《刻意練習》，方智，2017 年 6 月

10. 悅揚等，《企業經驗萃取與案例開發》，機械工業出版社，2017 年 10 月

11. 汪乾任，《超快速讀書法》，秀威資訊，2020 年 2 月

12. 許岑，線上課程《如何成為有效學習的高手》，得到 APP

13. 李伯鋒，線上課程《職場寫作課》，Hahow 好學校平臺

五、系統思考與多模型思維

1. Peter Thiel, Blake Masters，《從 0 到 1：打開世界運作的未知祕密，在意想不到之處發現價值》，天下雜誌，2014 年 10 月

2. Malcolm Gladwell，《異數：超凡與平凡的界線在哪裡？》，時報文化，2009 年 1 月

3. Scott Adams，《斜槓思考：開啟大腦的多職潛能，思考像個全才》，時報出版，2020 年 12 月

4. 馬克・布洛克，《奇怪的戰敗》，五南圖書出版股份有限公司，2015 年 1 月

5. 邱昭良，《如何系統思考》，機械工業出版社，2021 年 1 月

6. 高木芳德，《創意不足？用 TRIZ40 則發明原理幫您解決》，五南圖書出版股份有限公司，2016 年 10 月

7. Boyd Drew、Goldenberg Jacob，《盒內思考》，遠見天下文化出版，2014 年 5 月

8. 劉潤，《底層邏輯：看清世界的底牌》，時報出版，2022 年 3 月

9. 萬維鋼，《萬萬沒想到：用理工科思維理解世界》，新視野 NewVision，2020 年 9 月

10. 逢澤明，《賽局思考練習簿：用三步驟看清局勢，人生各種難題都能找出解題公式！》，樂金文化，2022年9月

11. 彼得・霍林斯，《思維模型：建立高品質思維的30種模型》，中國青年出版社，2020年8月

12. Peter Earnest、Maryann Karinch，《像間諜一樣思考：CIA中情局首度公開出奇制勝的商戰祕笈》，商周出版，2012年9月

13. 史蒂芬・裴利，《像發明家一樣思考》，時報文化，2012年2月

14. Ozan Varol，《像火箭科學家一樣思考：9大策略，翻轉你的事業與人生》，究竟，2020年11月

15. 彼得・聖吉，《第五項修練：學習型組織的藝術與實務》，天下文化，1995年4月

16. 陶在樸，《超圖解系統思考》，五南，2022年7月

17. Donella H Meadows，《系統思考》，經濟新潮社，2016年1月

18. Draper L. Kauffman. Jr.，《系統思考》，Wow Media，2017年3月

19. 劉潤，線上課程《商業洞察力30講》，得到APP

20. 萬維鋼，線上課程《精英日課 1》，得到 APP

21. Scott E. Page，《多模型思維》，天下文化，2021 年 1 月

22. 成甲，《精準思考：跨領域才是關鍵！洞悉問題本質，找到最佳答案》，先覺，2020 年 8 月

23. Charles T. Munger，《窮查理的普通常識》，商業周刊，2019 年 4 月

24. （羅）史蒂文‧舒斯特，《11 堂極簡系統思維課：怎樣成為解決問題的高手》，中國青年出版社，2019 年 1 月

25. 曾秀微，實體課程《政府標案企劃實務班》，2020 年 11 月份

六、問題框架與提問

1. 洪震宇，《精準提問：找到問題解方，培養創意思維、發揮專業影響力的 16 個提問心法》，漫遊者文化，2022 年 3 月

2. 羅振宇，《羅輯思維》，平安文化，2022 年 4 月

3. 顧及，《破圈：如何突破認知侷限並實現終身成長》，先覺，2022 年 3 月

4. 小島寬之，《概率思維：選擇比努力更重要》，北京時代華文書局，2022 年 8 月

5. 沃倫・貝格爾，《如何提出一個好問題》，天津科學技術出版社，2022 年 3 月

6. 蔡懷東，《銷售就是要會提問：99% 的人都把賣點講錯了》，中國計量出版社，2016 年 4 月

7. Neil Rackham，《銷售巨人：教你如何接到大訂單》，麥格羅・希爾，2005 年 10 月

8. 曲凱，線上課程《怎樣成為解決問題的高手》，得到 APP

9. 老喻，線上課程《老喻人生算法》，得到 APP

10. 李忠秋，線上課程《有效訓練你的結構化思維》，得到 APP

11. 崔仁哲，《框架效應：打破自己的認知侷限，看見問題本質，告別慣性偏誤的心理學智慧》，遠流，2019 年 4 月

12. 北岡泰典，《NLP 深度學習》，世潮，2020 年 7 月

13. AND 股份有限公司，《把問題化繁為簡的思考架構圖鑑》，采實文化，2020 年 2 月

14. 趙胤丞，《拆解問題的技術：讓工作、學習、人生難事變簡單的 30 張思考圖表》，PCuSER 電腦人文化，2018 年 6 月

15. Thomas Wedell-Wedellsborg，《你問對問題了嗎？：重組問題框架、精準決策的創新解決工具》，天下文化，2020 年 12 月

七、風險管理

1. Nassim Nicholas Taleb，《反脆弱：脆弱的反義詞不是堅強，是反脆弱》，大塊文化，2013 年 7 月

2. 樊登，《低風險創業：樊登的創業 6 大心法》，臺灣東販，2020 年 6 月

政府採購標案勝經

標案插旗手李承殷教你如何結合獨特商業模式，
三天內寫出讓評審一眼入魂的服務建議書，快速打造個人品牌

作　　　者／李承殷
美 術 編 輯／孤獨船長工作室
責 任 編 輯／許典春
企劃選書人／賈俊國

總 編 輯／賈俊國
副 總 編 輯／蘇士尹
編　　　輯／黃欣
行 銷 企 畫／張莉滎‧蕭羽猜‧溫于閎

發 行 人／何飛鵬
法 律 顧 問／元禾法律事務所王子文律師
出　　　版／布克文化出版事業部
　　　　　　臺北市中山區民生東路二段 141 號 8 樓
　　　　　　電話：(02)2500-7008 傳真：(02)2502-7676
　　　　　　Email：sbooker.service@cite.com.tw
發　　　行／英屬蓋曼群島商家庭傳媒股份有限公司城邦分公司
　　　　　　臺北市中山區民生東路二段 141 號 2 樓
　　　　　　書虫客服服務專線：(02)2500-7718；2500-7719
　　　　　　24 小時傳真專線：(02)2500-1990；2500-1991
　　　　　　劃撥帳號：19863813；戶名：書虫股份有限公司
　　　　　　讀者服務信箱：service@readingclub.com.tw
香港發行所／城邦（香港）出版集團有限公司
　　　　　　香港九龍九龍城土瓜灣道 86 號順聯工業大廈 6 樓 A 室
　　　　　　電話：+852-2508-6231　傳真：+852-2578-9337
　　　　　　Email：hkcite@biznetvigator.com
馬新發行所／城邦（馬新）出版集團 Cité（M）Sdn.Bhd.
　　　　　　41，JalanRadinAnum，BandarBaruSriPetaling，
　　　　　　57000KualaLumpur，Malaysia
　　　　　　電話：+603-9057-8822 傳真：+603-9057-6622
　　　　　　Email：cite@cite.com.my
印　　　刷／韋懋實業有限公司
初　　　版／2023 年 11 月
定　　　價／450 元
Ｉ Ｓ Ｂ Ｎ／978-626-7337-40-0
Ｅ Ｉ Ｓ Ｂ Ｎ／9786267337394(EPUB)

城邦讀書花園
www.cite.com.tw　布克文化 www.SBOOKER.COM.TW